LERNKRIMI écoute

CYRANO ASSASSINÉ

UND WEITERE PACKENDE KRIMIS

Impressum

1. Auflage 2019

Kistlerhofstraße 72, 81379 München

Umschlaggestaltung: Georg Lechner
Illustration Umschlag: Özhan Bülbül
Lernkrimi-Logo: Ingrid Wernitz
Fotos Innenteil: S.6: Raphael GAILLARDE/Gamma-Rapho via Getty Images; S.28: Mimadeo/iStock.com; S. 50: Antoine VUELA/Gamma-Rapho via Getty Images; S. 72: Philippe Paternolli/Shutterstock.com; S. 92: Georges Melet/Paris Match via Getty Images
Redaktion: Fanny Grandclement (verantwortlich),
Agnès Roubille (Korrektur, Redaktion), Ingrid Sturm (Übersetzung)
Satz: Dorle Matussek
Projektleitung: Andreas Plettner
Produktion: MedienSchiff Bruno, Hamburg

ISBN 978-3-19-489586-7

www.ecoute.de/lernkrimi
www.sprachenshop.de/lernkrimis
www.spotlight-verlag.de

Préface

Liebe Leserin, lieber Leser,

fünf spannende Krimis, geschrieben von Autoren mit Französisch als Muttersprache, finden Sie in diesem Buch. Warum haben wir uns für diese Textgattung entschieden? Der Krimi bietet Zugang zu einer lebendigen Sprache, die Sie auf Ihren Reisen oder im Austausch mit Franzosen leicht wiederverwenden können. Ein weiterer Vorteil von Kriminalromanen ist, dass spannende Handlungen zum Lesen motivieren. Außerdem entsteht durch die Rahmenhandlung eine Annäherung an Frankreich und die Franzosen.

Écoute hat packende Geschichten für Leser mit einem Mindestsprachniveau von B1 ausgewählt. Einige der wichtigsten Prinzipien des Magazins werden aufgegriffen: Die Romane sind in Episoden unterteilt, die durch Zwischentitel klar strukturiert sind. So ist es möglich, auch kleine Textteile zu lesen, je nach der zur Verfügung stehenden Zeit oder Ihrer Laune. Schwierigere Wörter werden übersetzt. Eine allgemeine Verständnisübung (*Avez-vous bien compris?*) finden Sie am Ende jeder Episode. Diese Übungen wurden nicht als Kontrolle, sondern als Hilfsmittel konzipiert. Sobald Sie sie erarbeitet haben, sollten Ihnen die Hauptlinien der Geschichten besser in Erinnerung bleiben. Ihre Antworten können Sie anhand der am Ende des Buches zusammengefassten Lösungen überprüfen. Und wenn Sie Ihr Vokabular erweitern möchten, können Sie dies mithilfe einer anderen Übung (*Un peu de vocabulaire*) und den entsprechenden Lösungen tun. Die Vokabelübungen helfen Ihnen, sich die wichtigsten Wörter zu merken und sie auf den verschiedenen Sprachebenen anzuwenden. Vertraute Wörter vervollständigen Ihr Gepäck für Ihren nächsten Aufenthalt in Frankreich.

Bis dahin wünschen wir Ihnen viel Spaß beim Lesen!

Ihre *Écoute*-Redaktion

Sommaire

Cyrano assassiné

Jean-Yves de Groote

Die Kulissen der Comédie-Française bergen viele Geheimnisse… Warum verteidigt der Regisseur Antoine Maubrac mit allen Mitteln den schlechtesten unter seinen Schauspielern, Julien Castaldi? Maubrac zieht den Unwillen seiner Truppe, des Publikums und der Kritiker auf sich. Eines Tages erfährt er, dass Julien umgebracht wurde…

Personnages principaux

Antoine Maubrac : metteur en scène
Julien Castaldi : comédien à la Comédie-Française
Vincent Poilard : inspecteur de police
Jean-Luc Saadi : assistant de Poilard
Alexis Lamart : comédien à la Comédie-Française
Zoé Legrand : comédienne à la Comédie-Française

Premier épisode

CYRANO : « ... *Il y a malgré vous quelque chose que j'emporte, et ce soir, quand j'entrerai chez Dieu,*
Mon salut balaiera largement le seuil bleu,
Quelque chose que sans un pli, sans une tache,
J'emporte malgré vous... Et c'est... »
Cyrano tombe dans les bras de Le Bret et de Ragueneau.
ROXANE, se penchant sur lui et lui baisant le front : « *C'est ?...* »
CYRANO, rouvre les yeux, et lui dit en souriant : « *Mon panache.* »

Rideau. Réapparition des comédiens qui saluent. Certains spectateurs quittent déjà la salle. Le lendemain, on pouvait lire dans les journaux :

TRAGIQUE COMÉDIE-FRANÇAISE !

Autant le célèbre héros d'Edmond Rostand est un personnage admirable, haut en couleur et grandiloquent, autant Julien Castaldi, le trop jeune et trop inexpérimenté sociétaire qui l'incarne en ce moment à la Comédie-Française est tout le contraire. Avec son « comédien » maintenant fétiche depuis quelques années,

le salut
▸ der Gruß

balayer
▸ fegen

le seuil bleu
▸ die Himmelspforte

le pli
▸ die Falte

se pencher
▸ sich beugen

baiser
▸ küssen

le panache
▸ der Federbusch;

autant... autant...
▸ auch wenn ..., dann auch ...

haut,e en couleur
▸ schillernd

grandiloquent,e
▸ wortgewandt

sociétaire
▸ an der Comédie-Française fest angestellter Schauspieler mit Gewinnbeteiligung

incarner
▸ spielen

fétiche
▸ Lieblings-

l'administrateur général et metteur en scène Antoine Maubrac a réussi à faire d'un grand classique une pièce mièvre. C'est Cyrano et lui-même qu'il assassine. Et notre institution théâtrale. Si elle n'est pas déjà morte.

Un pur et dur du théâtre

Dans les années 90 et 2000, Antoine Maubrac était une véritable star. Son nom était pour le Français la garantie d'une programmation à guichets fermés et d'articles élogieux dans la presse. Adulé du public et des critiques pour la qualité et la limpidité de ses mises en scène, il était aussi respecté que redouté des comédiens. Jouer avec lui était un sacerdoce, mais en même temps la promesse d'une grande carrière. À chaque répétition, il exigeait d'eux le meilleur et une entière disponibilité. Le metteur en scène Antoine Maubrac était un pur et dur du théâtre. Il abhorrait la rapidité, la superficialité, la facilité, la médiocrité, tout ce qui entravait l'interprétation mais aussi la compréhension d'une œuvre. Et cette compréhension passait pour lui par une immersion totale du comédien, par une analyse approfondie des personnages, de leur caractère, du texte, du sous-texte...Que veut nous dire l'auteur ? Que nous dit le personnage ? Et que veut-il réellement nous dire ? Quelles sont ses intentions sous-jacentes ? Pourquoi ?... Ces questions le préoccupaient sans arrêt. Rien n'était

---

l'administrateur (m) général
► der Intendant

le metteur en scène
► der Regisseur

mièvre
► farblos

le Français
► die Comédie-Française

la programmation
► die Vorstellung

à guichets fermés
► ausverkauft

adulé,e
► vergöttert

la limpidité
► die Klarheit

la mise en scène
► die Inszenierung

redouté,e
► gefürchtet

être un sacerdoce
► *hier*: die Herausforderung

la répétition
► die Probe

abhorrer
► verabscheuen

entraver
► behindern

l'immersion (f)
► das Eintauchen

le sous-texte
► der Subtext

sous-jacent,e
► zugrunde liegend

jamais acquis. Il doutait sans cesse, envisageait tout et son contraire. Imprévisible, il pouvait totalement remettre en question une scène ou un jeu d'acteur la veille d'une première. Beckett, Tchekhov, Racine, Brecht... Quel que fût le choix de Maubrac, le résultat était réussi : des représentations sobres, intelligibles, dynamiques, légères, qui attiraient un public enthousiaste et conquis d'avance. Un public mixte de vieux théâtreux et de jeunes néophytes. Ce qui lui avait valu le plus haut poste à la Comédie.

Topaze, Rodrigue, Scapin...

Cependant, à partir de 2008, ses aficionados commencèrent à le lâcher peu à peu. Maubrac présenta cette année-là *Dom Juan* de Molière, avec, dans le rôle titre, un nouveau et jeune comédien : Julien Castaldi. Peu convaincant. Sans charisme. Son jeu était mécanique, lourd, et son texte trop récité. Maubrac fut d'abord épargné. Une erreur de casting peut arriver. Mais dans les mois et les années qui suivirent, à la surprise grandissante de tous, Julien continua d'incarner tous les premiers rôles : Topaze, Rodrigue, Scapin... Il semblait être devenu la coqueluche du metteur en scène. Et pièce après pièce, les critiques et le public se montrèrent de plus en plus acerbes envers Maubrac. Jusqu'à le renier complètement. Pourquoi s'entêtait-il dans ce choix ? Que cachait ce manque de clairvoyance ? Était-ce volontaire ? De qui

acquis,e
- abgeschlossen

imprévisible
- unberechenbar

sobre
- nüchtern

intelligible
- verständlich

le théâtreux
- der Theaterliebhaber

le néophyte
- der Neubekehrte

valoir à
- einbringen

l'aficionado (m)
- der Fan

lâcher
- fallen lassen

épargner
- schonen

le premier rôle
- die Hauptrolle

la coqueluche
- der Liebling

acerbe
- kritisch

renier
- ablehnen

s'entêter dans
- sich festbeißen

la clairvoyance
- der Weitblick

volontaire
- absichtlich

se moquait-il ? Finalement, avait-il vraiment du talent ? Et même si Maubrac fuyait les médias et refusait toute interview, les journaux ne se privaient pas de révéler son impopularité au sein de la troupe, les tensions, les haines et l'ambiance délétère qui régnaient depuis au Français.

Une semaine après la première de Cyrano, l'administrateur général et metteur en scène venait de s'asseoir à son bureau lorsque son téléphone sonna :

« Monsieur Maubrac ? Bonjour, inspecteur Poilard à l'appareil. Julien Castaldi a bien joué au théâtre hier soir chez vous ?

– Euh... oui, pourquoi ?

– Je demande ça car cette nuit, à deux pas de chez lui, du côté du Pré-Saint-Gervais, on a retrouvé son corps dans une impasse sombre. Et apparemment, c'est un meurtre. Quelqu'un lui aurait fracassé le crâne contre le bitume... »

Exercice 1

Un peu de vocabulaire

Cherchez dans le texte les professions correspondant aux définitions suivantes :

1. Il rédige un texte (pièce de théâtre, roman etc.) : l'..
2. Il donne son avis sur un spectacle ou un livre : le ....
3. Il adapte sur scène la pièce de théâtre et dirige les comédiens : le ....
4. Il interprète un rôle : le ....
5. Il regarde un spectacle : le ....

se priver de – verzichten auf

la tension – die Spannung

délétère – schädlich

l'impasse (f) – die Sackgasse

fracasser – zertrümmern

le crâne – der Schädel

le bitume – der Asphalt

Exercice 2

Avez-vous bien compris ?

Vrai ou faux ? Lisez puis cochez.

	v	f
1. La pièce de théâtre *Cyrano de Bergerac* a été écrite par Edmond Rostand.	❑	❑
2. La critique de la pièce, parue dans les journaux, est positive.	❑	❑
3. Les critiques honorent le talent d'un nouvel acteur, Julien Castaldi.	❑	❑
4. Antoine Maubrac est un metteur en scène très réputé dans les années 2000.	❑	❑
5. Il demande énormément à ses acteurs : une excellente interprétation et beaucoup de temps.	❑	❑
6. La réputation d'Antoine Maubrac devient mauvaise à partir du moment où Julien Castaldi joue les rôles principaux.	❑	❑
7. Tous les comédiens s'entendent bien avec Antoine Maubrac.	❑	❑
8. Julien Castaldi a été assassiné sur scène.	❑	❑

Deuxième épisode

«*Quel nœud de vipères mon bon Jean-Jean!*, lança l'inspecteur Poilard à son jeune et timide stagiaire, Jean-Luc Saadi. *Julien Castaldi, le poulain de Maubrac, a été assassiné. Un meurtre et des dizaines de suspects.* Et *puis quel panier de crabes* cette Comédie-Française! *Avec tout ça, on pourra bientôt ouvrir un zoo. Bon, c'est pas tout ça, mais c'est qu'il avait des ennemis le petit Castaldi. Beaucoup d'ennemis. L'enquête s'annonce difficile.*» Poilard, la cinquantaine, était un homme joyeux. Il aimait la vie, la bonne chère et les bons mots. Ce qui lui avait valu à la PJ le surnom de «Poilant-Poilard». En sortant de son bureau suivi de Saadi, il dit:

«*Allez Jean-Jean, on va chez Maubrac. Je compte sur toi, hein! Il s'agit d'être vigilant et attentif au moindre détail. Faut qu'on soit rusés tous les deux, hein. Hé, comme des renards... Ha ha, qu'est-ce qu'on se poile... de chameau!*»

Pour le plus grand plaisir de l'inspecteur Poilard, Jean-Luc Saadi était bon public et riait toujours à ses jeux de mots. Même les plus mauvais.

Un jeu avant-gardiste

Lorsque Poilard et Saadi entrèrent dans le bureau de Maubrac, ils trouvèrent ce dernier complètement vautré sur sa chaise, pâle et

le nœud de vipères
- das Vipernnest

le stagiaire
- der Praktikant

le poulain
- der Schützling

le suspect
- der Verdächtige

le panier de crabes
- der zerstrittene Haufen

la cinquantaine
- in den 50-ern

la bonne chère
- das gute Essen

le bon mot
- der Witz

valoir
- einbringen

la PJ (Police judiciaire)
- die Kripo

poilant,e (fam.)
- lustig

compter sur
- sich verlassen auf

vigilant,e
- wachsam

rusé,e
- schlau

se poiler (fam.)
- sich totlachen; Wortspiel *mit:*

le poil de chameau
- das Kamelhaar

être bon public
- ein dankbarer Zuhörer sein

vautré,e
- hingelümmelt

l'air hagard. Après avoir interrogé le metteur en scène sur l'emploi du temps de la victime, l'inspecteur lui demanda : « *Et vous, qu'avez-vous fait hier soir ?*

– *J'ai assisté à la représentation. Et après je suis revenu ici, dans mon bureau, pour préparer la prochaine pièce.* Celle-ci. (Il montre un gros cahier.) Roméo et Juliette, *de Shakespeare. Julien devait jouer Roméo, et Zoé Legrand, le rôle de Juliette. Je ne pourrais pas vous dire précisément à quelle heure je suis rentré chez moi, mais il était tard.*

– *Hé Jean-Jean, il est têtard !*

– *Il devait être quatre heures du matin,* continua Maubrac.

– *Vous sembliez beaucoup apprécier* Julien Castaldi, *pourtant la presse et le public n'étaient pas tendres envers lui,* précisa l'inspecteur. *Je n'y connais rien en théâtre mais apparemment, ce n'était pas le meilleur comédien de la troupe… Lui et vous, vous vous êtes fait beaucoup d'ennemis. Quelles étaient vos relations avec Julien ?*

– *Vous pensez que je suis homosexuel, c'est ça ? Je sais que c'est à la mode en ce moment, mais pas du tout ! D'abord, il aurait pu être mon fils. Ensuite, je suis hétéro. J'ai toujours été célibataire, le travail me prend trop de temps. Non, vous voyez, je suis un bon vieil hétéro bien ringard. Mes relations avec Julien étaient… Mais c'est horrible, je parle à l'imparfait…* (Maubrac marque une pause.) *Mes relations avec lui étaient purement professionnelles. Julien était un très bon comédien. Disons que son jeu était… avant-gardiste. La presse et le public n'étaient pas mûrs pour reconnaître son talent. Tôt ou tard, il aurait percé, et*

---

hagard,e
- verstört

le metteur en scène
- der Regisseur

assister à
- sich ansehen

la représentation
- die Vorstellung

le têtard
- die Kaulquappe; *Wortspiel mit:*

il était tard
- es war spät

apprécier
- mögen

ne pas être tendre envers qn
- jn nicht schonen

n'y rien connaître en
- nichts verstehen von

célibataire
- ledig

ringard,e (fam.)
- altmodisch

mûr,e
- reif

percer
- den Durchbruch schaffen

on aurait reconnu son génie. Vous pensez que j'aurais fait courir de tels risques à la Comédie-Française ? Je savais ce que je faisais. Ou du moins, je le croyais, car maintenant il est mort. Par ma faute. En le choisissant pour les premiers rôles, j'ai cristallisé beaucoup de haine autour de lui. J'ai voulu passer en force et maintenant, j'ai sa mort sur la conscience. C'est une catastrophe.

– Certains comédiens détestaient-ils Julien plus que d'autres ?, demanda Poilard.

– Oui, certains étaient plus agressifs envers lui, mais il est vrai que tous le jalousaient et le détestaient. Vous savez, il était toujours seul pendant les pauses. Et lors des répétitions, les autres le chahutaient sans cesse. Beaucoup le menaçaient, c'est vrai, mais de là à le tuer... Une fois, dans les loges, une discussion avait mal tourné et un membre de la troupe l'a frappé au visage. Et alors qu'il gisait à terre, les autres ont mis le feu à ses vêtements qui pendaient dans son armoire. Et puis ça me revient maintenant. Il y a quelques jours de cela, j'ai entendu dans les loges un membre de la troupe lui lancer : "Julien, un jour je te niquerai la gueule !" »

Fosse aux lions

« Ha ha ! Qui est-ce qui lui a dit ça ? Son nom...

– C'est dur ce que vous me demandez, inspecteur. Promettez-moi de ne pas lui dire que c'est moi qui vous ai donné son nom.

– Promis.

– Alexis Lamart. Il habite à deux pas d'ici. Mais je ne peux pas le croire. C'est

courir
- eingehen

le premier rôle
- die Hauptrolle

cristalliser
- heraufbeschwören

passer en force
- gewaltsam durchsetzen

jalouser
- eifersüchtig sein auf

la répétition
- die Probe

chahuter
- herumschubsen

la loge
- die Garderobe

mal tourner
- ein böses Ende nehmen

gésir
- liegen

revenir
- wieder einfallen

niquer la gueule (fam.)
- die Fresse polieren

un brave gars. Ce n'est pas possible que...

– Eh bien, la vache ! C'est une véritable fosse aux lions ce théâtre, hein Jean-Jean ? Ho *Jean-Jean, la vache, fosse aux lions, tu checkes ? Excusez-moi monsieur* Maubrac. *Voici ma carte de visite. Si vous entendez ou remarquez quoi que ce soit qui puisse nous aider, n'hésitez pas, contactez-moi. Au revoir monsieur* Maubrac.»

Une fois dehors, Saadi s'adressa à l'inspecteur :

« Eh bien patron, voilà une affaire qui roule. Je crois qu'on tient déjà notre coupable...»

le brave gars
➡ der nette Kerl

Eh bien, la vache !
➡ Donnerwetter noch mal!

la fosse aux lions
➡ die Löwengrube

checker
➡ *hier*: kapieren

quoi que ce soit
➡ irgendetwas

le patron
➡ der Chef

rouler (fam.)
➡ *hier*: gut aussehen, sich gut entwickeln

tenir
➡ haben

le coupable
➡ der Schuldige

Exercice 3

Un peu de vocabulaire

Complétez les expressions idiomatiques avec les mots suivants :

crabe – renard – vipère – poulain – singe – lions

1. un nœud de ....
2. un panier de ....
3. rusé comme un ....
4. une fosse aux ....
5. le .... de Maubrac
6. malin comme un ....

Exercice 4

Avez-vous bien compris ?

Qu'est-ce qui est correct ? Lisez puis cochez.

1. La Comédie-Française est un panier de crabes car...
   ❑ A. il y a beaucoup d'animaux dans cet endroit.
   ❑ B. les comédiens ne s'aiment pas.

2. Le surnom de l'inspecteur « Poilant-Poilard » signifie...
   ❑ A. que l'inspecteur est drôle.
   ❑ B. que l'inspecteur a beaucoup de poils.

3. Le stagiaire Jean-Luc Saadi est bon public, c'est-à-dire...
   ❑ A. qu'il écoute bien l'inspecteur.
   ❑ B. qu'il rit aux blagues de l'inspecteur.

4. Le metteur en scène Antoine Maubrac favorise Julien parce qu'il...
   ❑ A. aime son jeu avant-gardiste.
   ❑ B. est amoureux de lui.

Troisième épisode

Poilard s'arrêta net, regarda son associé dans les yeux et lui demanda :

« Ah bon ? Tu sais déjà qui est le coupable, toi ?

– Ben oui, patron. Souvenez-vous. Maubrac a parlé d'un certain Alexis Lamart qui avait juré de niquer la gueule de Julien…

– Mais non, mon petit Jean-Jean. Lui est innocent !

– Innocent ? Là, je ne vous suis pas, inspecteur. Le type déclare au grand jour sa haine envers Julien et lui promet de lui niquer sa gueule !!!

– Justement. Il a proféré ses menaces devant témoins. Et donc, s'il y en avait un qui avait plutôt intérêt à ce qu'il n'arrive rien à Julien, c'est bien lui.

– Ah ouais ! Bien vu patron. Dites donc, vous êtes malin.

– Comme un singe, Jean-Jean ! Bon, on va quand même aller le voir, cet Alexis. Il pourra certainement nous apprendre des choses… Oh putain, Jean- Luc, j'en ai une bonne ! Écoute : ça m'a l'air d'un sacré cas Lamart ! Calamar !

– Ha ha, excellent ! Eh, patron, j'en ai une aussi : quand il prend son bain, il met sûrement des petits canards en plastique dans l'eau… Lamart aux canards !

– Ha ha ha, sacré Jean-Jean. Eh, qu'est-ce qu'on se marre…

– Mare aux canards, patron ! »

Les deux complices riaient encore lorsqu'ils frappèrent à la porte d'Alexis Lamart. Celui-ci était livide et tremblant lorsqu'il ouvrit.

net
- abrupt

l'associé (m)
- der Kollege

le coupable
- der Schuldige

niquer la gueule (fam.)
- die Fresse polieren

suivre
- folgen

au grand jour
- in aller Öffentlichkeit

la haine
- der Hass

proférer
- ausstoßen

le témoin
- der Zeuge

ouais (fam.)
- ja

dites donc
- sagen Sie mal

malin comme un singe
- ganz schön gerissen

oh putain (fam.)
- oh verdammt

en avoir une bonne
- *hier*: ein gutes Wortspiel haben

un sacré cas
- eine ganz besondere Nummer

se marrer (fam.)
- sich amüsieren

la mare
- der Teich

livide
- bleich

Il semblait s'attendre à leur visite. L'inspecteur passa rapidement à l'offensive :

« Monsieur Lamart, comment expliquez-vous que Julien raflait tous les premiers rôles ?

– Une histoire de pédés, tiens !

– Vous êtes le suspect numéro un dans le meurtre de Julien Castaldi, bluffa l'inspecteur. Quels étaient vos rapports avec lui ?

– Je n'avais rien contre Julien ! Rien du tout !

– Ah bon, vous n'étiez pas jaloux de lui ?

– Non, tout le monde était jaloux de lui mais pas moi !

– Vous l'auriez cependant menacé de lui, je cite, "niquer sa gueule" !

– C'est faux, je n'ai jamais dit ça !

– Pourtant, une douzaine de témoins l'ont entendu.

– Les gens mentent. Ils exagèrent toujours. Et si j'ai dit ça, c'était pour rire...

– J'ai comme l'impression que vous me cachez beaucoup de choses, monsieur Lamart ! »

Soudain, le jeune comédien poussa violemment l'inspecteur sur le côté et s'enfuit dans l'escalier de l'immeuble. Saadi se lança aussitôt à sa poursuite. L'inspecteur cria :

« Reviens Saadi !

– Mais Inspecteur ? Il s'enfuit ! Si c'est pas un aveu, ça !

– Mais non, laisse tomber. Il panique. Il n'a pas le profil d'un assassin, ça se voit tout de suite. Par contre, il en sait peut-être davantage que ce qu'il veut nous faire croire. Allez viens, j'en ai assez entendu pour le moment. Je vais te dire le fond de ma pensée Jean-Luc : tu sais qui est l'assassin ?

rafler (fam.)
► bekommen

le pédé (péj.)
► der Homo

tiens
► halt, eben

jaloux, se de
► eifersüchtig auf

la douzaine
► das Dutzend

le comédien
► der Schauspieler

s'enfuir
► fliehen

se lancer aussitôt à la poursuite
► umgehend verfolgen

l'aveu (m)
► das Geständnis

laisser tomber
► gut sein lassen

davantage
► mehr

– *Non, patron !*

– *Eh bien moi non plus ! Mon petit Jean-Jean, je crois qu'on n'y coupera pas : il va falloir interroger tous les comédiens de la troupe, et tous les techniciens. Ça fait du sacré monde. Bref, on a du boulot ! Et je te propose de commencer par joindre l'utile à l'agréable. Nous allons d'abord rendre visite à cette... euh... comment elle s'appelle déjà ? Tu sais la fille là... Mais si, la partenaire de scène de Julien...*

– *Ah, Zoé Legrand.*

– *C'est ça, Zoé Legrand ! Pas mal la nana ! Tu as vu les photos d'elle accrochées au mur dans le bureau de Maubrac ? »*

Un lourd secret

Bien que presque trentenaire, Zoé Legrand habitait encore chez ses parents. Dans un appartement bourgeois de la rue de Lévis, dans le 17e arrondissement. C'est le père de Zoé qui ouvrit aux agents de police. Il les pria de mener leur interrogatoire le plus délicatement possible car la jeune fille, très fragile, n'avait pas supporté le choc de l'assassinat.

« Nous nous faisons beaucoup de soucis pour notre fille. Elle ne va pas bien du tout. Apparemment, il se passe de drôles de choses là où elle travaille. D'ailleurs, depuis qu'elle est là-bas, elle est sous antidépresseurs... Mais installez-vous au salon. Je vais aller la chercher. Elle est dans sa chambre. Elle dort. »

ne pas couper à
- nicht herumkommen um

ça fait du sacré monde (fam.)
- das sind verdammt viele Leute

le boulot (fam.)
- die Arbeit

joindre l'utile à l'agréable
- das Angenehme mit dem Nützlichen verbinden

la nana (fam.)
- die Puppe

l'agent (m) de police
- der Polizeibeamte

prier de
- bitten

l'interrogatoire (m)
- die Befragung

délicatement
- behutsam

supporter
- verkraften

être sous antidépresseurs (m)
- Antidepressiva nehmen

Quelques instants plus tard, la jeune femme apparut en robe de chambre.

« *Bonjour Zoé. N'ayez pas peur. Je me présente : Inspecteur Poilard. Vous voyez qu'avec un nom comme ça, je ne peux pas être bien méchant. Et voici mon associé Saadi. J'aurais quelques questions à vous poser. Vous n'avez rien à craindre. Vous êtes prête ? Dites- moi, Julien avait beaucoup d'ennemis à la Comédie ?*

– Oh oui. Il n'avait pour ainsi dire que ça ! Il n'y avait que Maubrac qui semblait l'apprécier.

– Et vous, quelles relations aviez-vous avec Julien ? »

Zoé se figea, le regard dans le vide. Poilard sentit qu'elle détenait un lourd secret...

la robe de chambre ▸ der Morgenmantel

pour ainsi dire ▸ eigentlich

se figer ▸ erstarren

détenir ▸ hüten

Exercice 5

Un peu de vocabulaire

Quel est le contraire des mots suivants ? Recherchez dans le texte si nécessaire.

1. l'amour : ....
2. l'ami : ....
3. coupable : ....
4. gentil : ....
5. faire un aveu : ....

Exercice 6

Avez-vous bien compris ?

Lisez le résumé de cet épisode et complétez avec les mots suivants.

coupable – secret – inspecteur – interrogent – innocent – enquête – victime – posent

Dans cet épisode, l' (1) .... et son assistant mènent l' (2) .... Jean-Jean pense avoir trouvé le (3) .... Pour lui, l'acteur Alexis Lamart est le principal suspect. Car il a menacé la (4) .... Mais comme beaucoup de gens l'ont entendu, le commissaire en déduit au contraire qu'il est (5) .... Les policiers (6) .... Alexis Lamart qui s'enfuit. Puis ils rendent visite à Zoé Legrand et lui (7) .... plusieurs questions. La comédienne semble détenir un lourd (8) ....

Quatrième épisode

Au bout de quelques instants, l'inspecteur réitéra sa question :

« *Zoé ? Quelles relations aviez-vous avec Julien ? Vous savez, si vous ne pouvez ou ne voulez pas répondre à cette question...*

– Si, si, excusez-moi... C'était difficile. Vous savez, tout le monde le détestait, alors on était forcé de prendre ses distances vis-à-vis de lui, sinon on était rejeté.

– Donc vous ne le détestiez pas... »

Zoé fondit en larmes. L'inspecteur et Saadi voulurent se retirer sur la pointe des pieds, mais la jeune comédienne les supplia :

« *Non, s'il vous plaît, restez. Non, je ne le détestais pas !*

– Maubrac protégeait Julien. Un peu trop peut-être. Savez-vous si Maubrac était... homosexuel ?

– Ah ça non, j'en sais quelque chose !

– Que voulez-vous dire ? »

Un monde pourri

« *Ce que je vais vous raconter, je ne l'ai jamais raconté à personne* (elle prit une profonde respiration)... *Ça remonte à, je me souviens précisément, à septembre 2008. Un soir, Maubrac m'avait fait répéter jusqu'au milieu de la nuit. C'était pour le rôle d'Elvire. Il voulait toujours améliorer les choses. Avec lui, on travaille une phrase pendant des heures. J'étais épuisée. Je n'en pouvais*

l'instant (m)
► der Augenblick

réitérer
► wiederholen

détester
► hassen

prendre ses distances vis-à-vis de
► sich distanzieren von

fondre en larmes
► in Tränen ausbrechen

se retirer sur la pointe des pieds
► sich davonschleichen

supplier
► anflehen

en savoir qc
► ein Lied davon singen können

prendre une profonde respiration
► tief einatmen

remonter à
► zurüc kgehen auf

n'en plus pouvoir
► nicht mehr können

plus. J'avais déjà répété toute la journée. Je n'avais plus de forces. Au bout d'un moment, il devait être deux heures du matin, j'ai craqué. Il m'a d'abord réconfortée. Il m'a prise dans les bras. De plus en plus fort. Puis il a voulu m'embrasser. J'ai tenté de le repousser, mais il est devenu de plus en plus violent, et il m'a...

– Je comprends. Pourquoi n'avez-vous pas porté plainte ?

– La honte, la peur...

– Bien sûr. Je suis désolé, mademoiselle. Nous allons en rester là pour aujourd'hui, d'accord ? »

Poilard et Saadi se dirigèrent doucement vers la porte. Mais Zoé les rappela. Parler, mettre des mots sur ses maux semblait la soulager.

« Inspecteur, revenez ! Je vous ai menti. En fait, j'ai déjà raconté cette histoire. Une seule fois : le lendemain de cette terrible nuit, j'en ai parlé à Julien. Il était tout nouveau dans la troupe. Et comme je répétais souvent avec lui, c'est à lui que je me suis confiée. Et il m'a beaucoup soutenue. J'étais partagée entre ma reconnaissance pour lui et la peur du rejet des autres membres de la troupe. Qu'est-ce qui a bien pu se passer pour que quelqu'un le tue ? La Comédie est un monde pourri, inspecteur. Tout me dégoûte. Même moi !

– Vous souffrez, et c'est normal. Ce que vous avez vécu est horrible. Ne vous jugez pas vous-même. Vous allez vous reconstruire peu à peu, vous verrez. Reposez-vous maintenant, mademoiselle.

– Merci inspecteur. »

au bout d'un moment
▸ nach einer Weile

craquer
▸ zusammenbrechen

repousser
▸ zurückweisen

porter plainte
▸ Anzeige erstatten

la honte
▸ die Scham

en rester là
▸ es dabei belassen

mettre des mots sur
▸ sprechen über

les maux (m/pl)
▸ das Leid

soulager
▸ erleichtern

mentir
▸ anlügen

répéter
▸ proben

se confier
▸ sich anvertrauen

partagé,e
▸ hin- und hergerissen

la reconnaissance
▸ die Dankbarkeit

dégoûter
▸ anwidern

Le bon scénario

Une fois dehors :

« Dis donc Jean-Luc, on se retrouve maintenant avec une histoire de meurtre et une histoire de viol sur les bras. Mais j'ai ma petite idée... »

Poilard emmena Saadi à la Comédie-Française. Toujours suivi de son associé, il grimpa les escaliers quatre à quatre, se rua vers la porte de l'administrateur général et l'ouvrit sans frapper. Maubrac, assis à son bureau, sursauta.

« Monsieur Maubrac, j'ai un bon scénario pour vous. Que dites-vous de cette histoire ? Écoutez : il était une fois un metteur en scène réputé. Que j'appellerais "M". Tout lui réussissait. Le public, les acteurs, les critiques l'adulaient. Puis une nuit, il se retrouve seul avec l'une de ses actrices, que j'appellerais "Z". Elle a répété toute la journée, elle est épuisée, fatiguée, et elle craque. M la prend dans ses bras pour la consoler mais la situation dérape, et M viole Z.

– Vous êtes...

– Taisez-vous, laissez-moi finir. Le lendemain, Z se confie et raconte tout à un ami, disons "J". J est un comédien médiocre, mais il détient désormais un secret en or. J va donc voir M, et le menace de tout dévoiler si M ne lui donne pas les meilleurs rôles. M fait l'objet d'un affreux chantage mais il est contraint d'obéir. Et la carrière de M périclite. J se fait du coup de plus en plus d'ennemis au sein de la troupe. Ce qui tombe bien, hein ? Puis, un soir, M va suivre J pour

le viol
- die Vergewaltigung

sur les bras
- am Hals

grimper quatre à quatre
- hinaufstürmen

se ruer
- sich stürzen

sursauter
- hochschrecken

aduler
- vergöttern

déraper
- außer Kontrolle geraten

médiocre
- mittelmäßig

détenir
- *hier*: hüten

dévoiler
- enthüllen

le chantage
- die Erpressung

qc périclite
- mit etw. geht es bergab

du coup
- deshalb

au sein de
- innerhalb

se débarrasser de son maître chanteur et lui fracasser le crâne. Et P – c'est moi ça – lui demande : alors, que dites-vous de mon scénario ?

– Bravo inspecteur. Mais vous oubliez le dénouement. Vous avez oublié de mentionner qu'à la fin, M s'empare d'une arme dans son tiroir, tue P et son assistant et se donne la mort. ADIEU ! »

Saadi bondit par-dessus le bureau pour arracher le pistolet des mains du metteur en scène et le maîtriser pendant que Poilard lui passa les menottes. Quelques instants plus tard, il était emmené par la police.

Dans le bureau maintenant vide de Maubrac, Poilard scruta encore une fois la photo de la sublime Zoé épinglée au mur, puis se retourna d'un coup vers son stagiaire :

« *Dis donc, j'ai une de ces dalles, moi ! Ça ne te dirait pas d'aller casser une graine ? C'est moi qui t'invite ! Jean- Jean, j'ai une faim de...?*

–De loup, patron ! »

se débarrasser de
- loswerden

le maître chanteur
- der Erpresser

fracasser
- einschlagen

le crâne
- der Schädel

le dénouement
- das Ende

s'emparer de
- greifen nach

se donner la mort
- sich das Leben nehmen

bondir
- aufspringen

maîtriser
- überwältigen

les menottes (f/pl)
- die Handschellen

scruter
- betrachten

j'ai une de ces dalles (fam.)
- ich habe dermaßen Kohldampf

dire
- zusagen

aller casser une graine (fam.)
- etw. essen gehen

avoir une faim de loup
- einen Bärenhunger haben

Exercice 7

Avez-vous bien compris ?

Lisez le texte puis associez les débuts et fins de phrases.

1. L'inspecteur demande à Zoé...
2. Selon Zoé, c'est impossible,...
3. Zoé n'a pas porté plainte...
4. Mais Zoé a confié son secret à Julien...
5. Comme Julien fait chanter Maubrac,...
6. Finalement, l'inspecteur démasque Maubrac...

A. ...car elle avait honte et peur à la fois.
B. ...celui-ci lui confie les rôles principaux.
C. ...si Maubrac est homosexuel.
D. ...et lui passe les menottes.
E. ...qui s'en sert contre Maubrac.
F. ...comme le montre son lourd secret.

1. ...... 2. ...... 3. ...... 4. ...... 5. ...... 6. ......

Exercice 8

Un peu de vocabulaire

Trouvez l'intrus dans les listes suivantes.

1. la honte – la peur – la reconnaissance – la haine
2. réussir – aduler – avoir du succès – péricliter
3. repousser – réconforter – embrasser – consoler
4. mentir – dévoiler – cacher – inventer
5. fatiguée – épuisée – dynamique – à bout de forces

Les Montagnes rouges

Camille Larbey

Zum 18. Geburtstag seines jüngeren Bruders Stéphane lädt Jérémie diesen ein, mit ihm in den Bergen auf die Jagd zu gehen. Zwei Tage wollen die Brüder Jérémie, der Schwadroneur, und Stéphane, der Schüchterne, zusammen verbringen. Aber die Jagdpartie wird schnell zum Albtraum. Aus Jägern werden Gejagte.

Personnages principaux
Jérémie : mécanicien, frère aîné de Stéphane
Stéphane : lycéen, petit frère de Jérémie
Marc : un randonneur

Premier épisode

Arrivé au pied des montagnes, Jérémie gara la voiture sur le parking et coupa le moteur. « *On y est.* » Son frère cadet, Stéphane, assis à côté, ne répondit rien. Il n'avait prononcé aucun mot de tout le trajet. Le parking était désert. C'était la saison morte. Les amateurs de raquettes étaient déjà tous repartis avec la fonte des neiges, et l'invasion des randonneurs n'avait pas encore commencé. Les deux frères regardèrent les Pyrénées qui s'étendaient à perte de vue devant eux.

Drôle de cadeau

Le surlendemain, Stéphane allait avoir 18 ans. Pour son anniversaire, son grand frère lui offrait deux jours de chasse en sa compagnie dans la montagne. Stéphane aimait bien chasser avec Jérémie. C'était l'occasion de passer du temps ensemble. Les deux frères avaient peu de points communs. Jérémie était le fanfaron. Il aimait boire, fumer, draguer, sortir avec ses amis, parfois se battre aussi. À 25 ans, il était mécanicien dans un garage et faisait la fête tous les week-ends. Stéphane, lui, était timide. Au lycée, il n'avait pas beaucoup d'amis et préférait être seul plutôt que de traîner dans la rue avec les autres jeunes de son âge. Jérémie gratta la cicatrice sur son front, souvenir d'une bagarre qui dégénéra : neuf points de suture pour lui, une jambe cassée pour l'autre.

couper
- abstellen

de tout le trajet
- auf der ganzen Fahrt

la raquette
- der Schneeschuh

la fonte des neiges
- die Schneeschmelze

s'étendre
- sich erstrecken

à perte de vue
- so weit das Auge reicht

la chasse
- die Jagd

le fanfaron
- der Angeber

draguer (fam.)
- (Frauen) anmachen

traîner (fam.)
- rumhängen

gratter
- kratzen

la cicatrice
- die Narbe

dégénérer
- ausarten

le point de suture
- der Stich

«*Tu es content?*, demanda-t-il à son frère.
– *Oui*», dit simplement Stéphane, impassible.

Deux jours de chasse dans les Pyrénées, sans téléphone portable, loin de tout. Jérémie était fier de son idée. Il savait pourtant qu'en cette période, la chasse était interdite. Mais Jérémie s'en fichait. «*Personne ne viendra nous emmerder*», avait-il assuré à son frère lorsque celui-ci lui fit remarquer qu'ils n'avaient même pas le droit de se trouver là.

Les deux frères descendirent de la voiture et ouvrirent le coffre pour un dernier inventaire de leur sac à dos: munitions, nourriture pour deux jours, carte des montagnes et boussole, couteaux, jumelles, vêtements de rechange, petite trousse à pharmacie, tente et matériel de camping. Stéphane fourra dans un sac les sandwichs achetés le matin sur la route. La boulangère les avait regardés d'un drôle d'air. C'est vrai qu'ils n'étaient pas très assortis, ces deux frères. Jérémie, petit et le crâne rasé, se donnait des airs de brute; tandis que Stéphane, grand et les cheveux en bataille, semblait être constamment dans la lune.

Le souvenir du père

Jérémie ramassa les fusils emballés dans leur étui, et les deux frères s'équipèrent.

impassible
➥ gleichmütig

qn se fiche de qc (fam.)
➥ jm ist etw. egal

emmerder (vulg.)
➥ nerven

le coffre
➥ der Kofferraum

la boussole
➥ der Kompass

les jumelles (f/pl)
➥ das Fernglas

la trousse à pharmacie
➥ die Reiseapotheke

fourrer
➥ stecken

ne pas être assorti,e
➥ ungleich sein

le crâne
➥ der Schädel

la brute
➥ der Schlägertyp

les cheveux (m) en bataille
➥ die zerzausten Haare

être dans la lune
➥ geistesabwesend sein

ramasser
➥ aufsammeln

le fusil
➥ das Gewehr

emballé,e
➥ verpackt

s'équiper
➥ *hier*: alles mitnehmen

Après avoir verrouillé la voiture, ils prirent un petit sentier qui partait du parking pour s'enfoncer dans la forêt. Au bout de quelques heures de marche, ils firent une halte et mangèrent leurs sandwichs. Ils ne se parlaient pas. L'ambiance semblait tendue, pourtant Jérémie sentait que son petit frère était heureux d'être là.

Leur père n'avait pas été un bon père. Il était parti un jour et n'était plus jamais revenu. Et avant son départ soudain, les seuls moments où il avait manifesté un peu d'attention envers ses fils étaient lorsqu'il les emmenait avec lui à la chasse, les dimanches d'automne. Il leur apprenait à suivre la trace du sanglier, à anticiper le vol d'une bécasse, à écouter les bruits de la nature, et à se déplacer sans se faire remarquer du gibier. Parfois même, il avait un furtif geste d'affection à leur égard... quand ils réussissaient à tuer une perdrix, par exemple.

Lorsqu'il quitta la maison, leur père avait laissé ses fusils dans le tiroir d'un vieux meuble. Pour Stéphane et Jérémie, ces armes étaient certes le souvenir d'un mauvais père, mais aussi un lien indéfectible qui les réunissait.

L'après-midi, Stéphane et Jérémie traversèrent un col. Aucun gibier en vue. De temps en temps, ils apercevaient au loin des bergers gardant leur troupeau de moutons. Les deux frères se gardèrent bien de s'en approcher. Plus tard, ils basculèrent sur l'autre versant de la montagne et prirent la direction d'une forêt. Ils auraient plus

verrouiller
- verschließen

le sentier
- der Pfad

s'enfoncer
- hineinführen

la trace
- die Spur

le sanglier
- das Wildschwein

la bécasse
- die Schnepfe

le gibier
- das Wild

furtif,ve
- flüchtig

l'affection (f)
- die Zuneigung

à l'égard de qn
- jm gegenüber

la perdrix
- das Rebhuhn

indéfectible
- beständig

traverser
- überqueren

le col
- der (Gebirgs)Pass

le berger
- der Hirte

se garder de
- sich hüten vor

basculer
- *hier:* gehen

le versant
- der Hang

de chances d'y trouver du gibier. Ils avancèrent lentement dans les bois, fusil à la main, le regard balayant les environs et l'oreille à l'affût du moindre bruit. Soudain, un buisson frémit. Sans hésiter, Jérémie épaula son fusil et tira. Plus rien ne bougea. Les deux frères s'approchèrent du buisson. « *Merde...* », dit Jérémie. À leur pied, un chien allongé, une tache rouge sur son flanc. Stéphane et Jérémie restèrent immobiles devant le pauvre animal agonisant. Le craquement d'une branche derrière eux les fit sortir de leur torpeur. Ils se retournèrent. Un berger, l'air menaçant, était en train de les braquer avec son fusil...

balayer
► *hier*: schweifen über

à l'affût de
► lauernd

le buisson
► das Gebüsch

frémir
► *hier*: rascheln

épauler
► anlegen

le flanc
► die Seite

agoniser
► im Sterben liegen

la branche
► der Ast

sortir de sa torpeur
► sich aus seiner Erstarrung lösen

braquer
► richten auf

Exercice 9

Un peu de vocabulaire
Lisez le texte et complétez les portraits de Stéphane et Jérémie.

	Stéphane	Jérémie
âge	....	....
physique	....	....
	....	....
	....	....
caractère	....	....
	....	....
	....	....
points communs	....	
	....	

Exercice 10

Avez-vous bien compris ?
Qu'est-ce qui est faux ? Lisez et barrez la mauvaise réponse.

1. Stéphane et Jérémie partent dans les **Alpes / Pyrénées**.
2. **Stéphane / Jérémie** tire sur un chien.
3. L'animal est **blessé / en train de mourir.**
4. Un berger les **accuse / menace** avec un fusil.

Deuxième épisode

«*Vous avez tué mon chien!*», cria le berger tout en braquant son fusil sur Stéphane et Jérémie. Pantalon élimé, gilet en laine de mouton, besace en cuir et béret noir, il semblait venir tout droit d'une autre époque. Stéphane remarqua la petite corne de brume rouge accrochée à son cou.

«*On va descendre dans la vallée trouver la police et lui dire que vous avez tué mon chien.*

– *Pas question!*», s'énerva Jérémie. Entre les bagarres et les petits trafics, son casier était déjà bien rempli. S'il ajoutait un délit de chasse, cette fois-ci, le juge ne lui ferait pas de cadeau.

«*On pourrait peut-être s'arranger?*, proposa Stéphane.

– *Non, on va aller trouver la police*», répéta le berger. Jérémie fulminait. Comme il l'avait suffisamment répété, il ne voulait pas qu'on vienne l'emmerder. Ce n'était pas un misérable chien et son maître qui allaient l'empêcher de profiter de son week-end avec son frère.

«*Allez viens, on se barre*», dit-il à Stéphane en reculant de trois pas. Le berger tira soudain un coup de fusil en l'air en guise d'avertissement...

élimé,e
– verschlissen

le gilet
– die Jacke

la laine de mouton
– die Schafwolle

la besace
– die Umhängetasche

la corne de brume
– das Nebelhorn

accroché,e à
– *hier*: gehängt um

Pas question!
– Kommt nicht infrage!

la bagarre
– die Prügelei

les petits trafics (m)
– die Gaunereien

le casier
– die Akte

ne pas faire de cadeau
– *etwa*: kein Auge zudrücken

fulminer
– toben

emmerder (vulg.)
– nerven

misérable
– erbärmlich

se barrer (fam.)
– abhauen

reculer
– zurückweichen

tirer un coup de fusil
– mit dem Gewehr schießen

en guise de
– als

l'avertissement (m)
– die Warnung

Appel à l'aide

Les deux frères se figèrent. Stéphane commença à implorer le berger. Ce dernier se tourna vers lui et lui ordonna de se taire. Jérémie profita de cet instant d'inattention pour retourner son arme contre lui et lui tirer dessus. Touché à la jambe, le berger s'effondra.

Il visa Jérémie, mais la douleur l'empêcha d'ajuster son tir. La première balle passa juste au-dessus du crâne rasé du jeune homme. Aussitôt, les deux frères détalèrent. Ils avaient à peine fait dix mètres qu'une deuxième balle vint se figer contre un arbre, à quelques centimètres de Stéphane. Ils accélérèrent leur course, puis s'arrêtèrent au bout d'une vingtaine de minutes, à bout de souffle et en nage.

Soudain, ils entendirent retentir au loin la corne de brume du berger. Le son était grave comme s'il s'agissait d'un appel à l'aide. Quelques secondes plus tard, telle une réponse, un concert de cornes de brume résonna dans la montagne. Un frisson parcourut l'échine de Stéphane.

« *Qu'est-ce qu'on fait ?*, demanda-t-il à son frère.

– *On essaye de repérer où on est, et on se tire d'ici.* »

Jérémie sortit de son sac la carte et la boussole. Il détermina leur position et estima environ cinq heures de marche jusqu'à leur voiture. Quatre heures s'ils forçaient le pas. Ils avaient décidé de contourner la forêt pour ne pas se trouver une nouvelle fois nez à

se figer ▸ erstarren

retourner ▸ umdrehen

s'effondrer ▸ zusammenbrechen

ajuster son tir ▸ genau zielen

la balle ▸ die Kugel

le crâne ▸ der Schädel

détaler ▸ abhauen

se figer contre ▸ eindringen in

accélérer sa course ▸ schneller laufen

à bout de souffle ▸ außer Atem

en nage ▸ schweißgebadet

retentir ▸ ertönen

le frisson ▸ der Schauder

parcourir l'échine (f) ▸ über den Rücken laufen

repérer ▸ herausfinden

se tirer (fam.) ▸ abhauen

la boussole ▸ der Kompass

forcer le pas ▸ schneller gehen

contourner ▸ umgehen

nez avec le berger. Les deux frères se délestèrent de leur matériel de camping et de leur trousse à pharmacie. Quelques kilos en moins leur permettaient ainsi d'aller plus vite.

Le cri de la victoire

Stéphane et Jérémie marchaient depuis seulement dix minutes lorsque retentirent à nouveau les cornes de brume dans la montagne. Cette fois-ci, la sonorité n'apparaissait plus comme un appel au secours, mais comme un avertissement. Un sentiment d'angoisse s'empara des deux garçons. Jérémie grogna que cette histoire ne lui plaisait pas du tout.

Le sentier passait par le fond d'un vallon. Stéphane avait une sensation désagréable. Il se sentait observé. Il s'arrêta, prit ses jumelles, les braqua en direction du sommet de la crête, et sursauta.

« *Jérémie, regarde !*

– *Qu'est-ce qu'il y a ?*

– *Là-bas, sur la crête, des hommes habillés exactement comme le berger, avec des fusils et une sorte de petite corne de brume rouge accrochée autour du cou !* »

Jérémie s'empara des jumelles.

« *Je ne vois rien...* », dit-il agacé.

Stéphane reprit les jumelles. Les silhouettes avaient disparu.

« *Je te jure, j'ai vu des hommes là-bas.*

– *C'était peut-être une hallucination. Allez, on continue.* »

Le sentier les conduisait à présent vers une partie accidentée de la montagne. Stéphane avait toujours l'impression d'être surveillé. Alors qu'ils avançaient dans un corridor étroit, un coup de feu

---

se délester de
- sich entledigen

la trousse à pharmacie
- die Reiseapotheke

la sonorité
- der Klang

s'emparer de
- erfassen

grogner
- grunzen, knurren

le vallon
- das kleine Tal

les jumelles (f/pl)
- das Fernglas

la crête
- der Gebirgskamm

sursauter
- zusammenfahren

accidenté,e
- zerklüftet

retentit. Une balle de fusil vint s'écraser aux pieds de Jérémie. Les deux frères se réfugièrent derrière un gros rocher sur le bas-côté. « *Ils veulent nous buter, ils sont malades !* », s'écria Jérémie. Ils essayèrent de passer par la gauche, puis par la droite. À chaque changement de direction, des tirs les empêchaient d'aller plus loin. Ils n'eurent pas d'autre choix que de rebrousser chemin en rampant.

Une fois en sécurité, ils se relevèrent. Des coups de cornes résonnèrent encore, comme un cri de victoire. De toute évidence, ces hommes bloquaient le chemin qui menait au parking. Stéphane et Jérémie comprirent avec effroi ce qui leur arrivait : une tout autre partie de chasse commençait. Avec eux comme gibier...

le bas-côté
► der Wegesrand

buter (fam.)
► umlegen

rebrousser chemin
► umkehren

ramper
► kriechen

se relever
► sich aufrichten

l'effroi (m)
► das Entsetzen

le gibier
► das Wild

Exercice 11

Avez-vous bien compris ?
Il y a trois erreurs dans ce résumé. Lesquelles ? Lisez et corrigez.

Le berger est furieux. Les deux frères ont tué son mouton. L'homme veut descendre dans la vallée tout raconter à la police. Mais Stéphane a peur car il est bien connu de la police. Il refuse. Une dispute éclate. Jérémie blesse le berger à la jambe. Les deux frères s'enfuient. Le berger appelle du renfort en soufflant dans sa cornemuse. Le berger et ses amis poursuivent les deux frères et les prennent pour cible. La chasse s'inverse : Stéphane et Jérémie, ce sont eux, désormais, le gibier.

Erreur 1 : ....

Erreur 2 : ....

Erreur 3 : ....

Exercice 12

Un peu de vocabulaire
Trouvez l'intrus dans les listes de mots suivantes.

1. la bagarre – le petit trafic – le bienfait – le délit de chasse
2. se barrer – rester – partir – s'en aller
3. tirer – le gibier – une munition – la chasse
4. la carte – les jumelles – la position – la boussole
5. observer – accélérer – surveiller – regarder

Troisième épisode

Le soleil se couchait derrière le sommet. Les ombres s'agrandissaient... Jérémie et Stéphane marchaient d'un pas rapide, mais le plus jeune des deux frères ne voulait pas céder à la panique. Il faisait confiance à son aîné pour les sortir de ce calvaire. Après tout, Jérémie arrivait toujours à se sortir de n'importe quelle situation...

« *La nuit va bientôt tomber. On ne pourra plus avancer. Trop dangereux. On va se planquer dans la forêt* », dit le frère aîné en pointant du doigt une tache verte sur la carte. Ils atteignirent la forêt au moment où les premières étoiles apparurent dans le ciel. La lune n'en était qu'à son premier croissant. Les deux garçons étaient donc plongés dans l'obscurité. « *On va pouvoir se cacher plus facilement* », dit Jérémie avec assurance.

Ils profitèrent de la présence d'un ruisseau le long du chemin pour remplir leur gourde. Ils burent jusqu'à plus soif. Un renfoncement dans une falaise leur offrit un abri discret. En guise de repas, ils mangèrent quelques barres de céréales, qui traînaient au fond de leur sac. « *Demain, on passera par un autre col et on tentera de rejoindre le premier village. Là, on avisera. En attendant, il faut semer ces sauvages* », dit Jérémie. Stéphane acquiesça. Ils s'emmitouflèrent dans leur veste et essayèrent de dormir.

s'agrandir
- längerwerden

céder à la panique
- in Panik verfallen

l'aîné (m)
- *hier*: der ältere Bruder

le calvaire
- *hier*: die Hölle

se planquer
- sich verstecken

pointer du doigt
- zeigen auf

le premier croissant
- das erste Viertel

avec assurance
- selbstsicher

le ruisseau
- der Bach

la gourde
- die Trinkflasche

le renfoncement
- die Nische

discret,ète
- nicht einsehbar

en guise de
- als

la barre de céréales
- der Müsliriegel

aviser
- sich etw. überlegen

semer
- abschütteln

acquiescer
- zustimmen

s'emmitoufler
- sich einmummeln

Cauchemars

Un berger s'approcha de Stéphane plongé dans un profond sommeil. Il sortit un couteau et s'apprêta à l'éventrer. Stéphane se réveilla en sursaut, une douleur au ventre. Personne aux alentours. Ce n'était qu'un cauchemar. Le mal de ventre revint. « *L'eau du ruisseau*, pensa Stéphane. *Apparemment je ne la digère pas.* » Il se leva et fit quelques pas pour tenter de faire passer la douleur. Alors qu'il respirait lentement, il aperçut au loin des petits points lumineux voleter entre les branchages. Il prit ses jumelles et, malgré l'obscurité, vit les hommes des montagnes brandissant des torches. Ils se rapprochaient dans leur direction. Stéphane secoua Jérémie pour le réveiller et lui chuchota :

« *Ils sont là, ils arrivent !* »

Jérémie se redressa brusquement et regarda à son tour à travers les jumelles.

« *Des torches ! Quels sauvages arriérés !* »

Les deux frères rassemblèrent rapidement leurs affaires et s'emparèrent de leur fusil. Mais à peine avaient-ils fait cinq mètres qu'un coup de feu éclata. La balle siffla tout près de leurs oreilles. Des coups de cornes de brume retentirent dans la forêt.

« *Cours !* », hurla Jérémie.

Ils se mirent à sprinter. Les tirs reprirent de plus belle. Les deux frères se réfugièrent derrière un tronc d'arbre couché par terre. Ils utilisèrent leur sac à dos pour consolider cette barricade de fortune,

le cauchemar
- der Albtraum

éventrer
- den Bauch aufschlitzen

le sursaut
- das Aufschrecken

voleter
- *hier*: tanzen

le branchage
- das Geäst

les jumelles (f/pl)
- das Fernglas

brandir
- schwenken

la torche
- die Fackel

arriéré,e
- rückständig

s'emparer de
- greifen zu

le coup de feu
- der Schuss

éclater
- krachen

la corne de brume
- das Nebelhorn

de plus belle
- noch heftiger

le tronc
- der Stamm

de fortune
- behelfsmäßig, Not-

épaulèrent leur fusil et répliquèrent. Les torches avaient disparu. Seules les brèves flammes des détonations révélaient la position des bergers. La fusillade s'intensifiait. Les deux frères tiraient sans pouvoir réellement viser. Leurs munitions s'épuisaient.

« *Laisse-moi tes cartouches et cours te cacher, je vais essayer de les retenir* », ordonna alors Jérémie à son frère.

Stéphane protesta. En vain. Il rampa alors hors du refuge et s'enfonça dans la forêt, le plus loin possible des bruits de la fusillade. Il finit par trouver une sorte de grand trou sous les racines d'un arbre. Il s'y glissa et recouvra la partie émergée de son corps avec des branchages et des feuilles mortes. Les coups de feu s'estompèrent. Soudain, il entendit un hurlement. Était-ce son frère ou une bête sauvage ? Puis un concert de cornes de brume transperça la nuit…

Des taches de sang

Caché dans son trou, Stéphane attendit un long moment. Il en oublia son mal de ventre. Il écoutait la forêt reprendre ses droits. Une chouette hululait et des petits rongeurs se couraient après.

Puis, des bruits de pas. Stéphane eut un haut-le-corps. Il s'efforça de rester immobile. Un berger brandissant une torche surgit. De sa cachette, Stéphane pouvait entrevoir sa corne de brume rouge pendue à son cou. Son gilet en laine de mouton était maculé de sang.

répliquer
▸ *hier*: zurückschießen

la fusillade
▸ die Schießerei

s'épuiser
▸ zur Neige gehen

la cartouche
▸ die Patrone

ramper
▸ kriechen

s'enfoncer
▸ eindringen

émergé,e
▸ herausragend

s'estomper
▸ sich legen

le hurlement
▸ das Heulen

reprendre ses droits
▸ zur Normalität zurückkehren

la chouette
▸ die Eule

hululer
▸ schreien

le rongeur
▸ der Nager

avoir un haut-le-corps
▸ hochfahren

entrevoir
▸ erkennen

maculé,e de sang
▸ blutbeschmiert

Stéphane ne bougea pas d'un cil. Le berger marcha juste à côté de lui, mais ce dernier était invisible sous son tapis de feuilles et de branchages. Le berger finit par passer son chemin.

Stéphane resta caché jusqu'au petit matin, guettant le moindre bruit. Lorsque le soleil commença à se lever, il sortit de sa cachette, couvert de terre et transi de froid. Prudemment, il rebroussa chemin jusqu'à leur barricade. Là, les sacs à dos et les fusils avaient disparu. Et surtout, nulle trace de Jérémie. Des taches de sang couvraient le tronc d'arbre derrière lequel ils s'étaient cachés. Stéphane eut envie de vomir. Il comprit alors, qu'à présent, il était seul.

ne pas bouger d'un cil
► sich keinen Millimeter bewegen

passer son chemin
► seiner Wege gehen

guetter
► *hier*: achten auf

transi,e de froid
► durch(ge)froren

rebrousser chemin
► zurückgehen

qn a envie de vomir
► jm wird übel

Exercice 13

Avez-vous bien compris ?

Qu'est-ce qui est faux ? Lisez et cochez seulement les affirmations fausses.

1. La nuit tombe. Les deux frères doivent se cacher dans la forêt. ❑
2. Ils boivent et mangent du pain et du fromage. ❑
3. Ils s'endorment. Mais Stéphane est blessé au ventre par un berger. ❑
4. Heureusement, ce n'était qu'un cauchemar. ❑
5. Les bergers les rattrapent et les encerclent. ❑
6. Les bergers tirent sur les deux frères. ❑
7. Stéphane se cache dans une cabane. ❑
8. Il ne reste de Jérémie qu'une trace de sang sur un tronc d'arbre. ❑

Exercice 14

Un peu de vocabulaire

Cherchez dans le texte les synonymes de :

1. l'ombre : ....
2. un calvaire : ....
3. une douleur au ventre : ....
4. courir : ....
5. avoir très froid : ....

Quatrième épisode

Stéphane était terrifié. La situation était désespérée. Il était seul, perdu dans les montagnes, traqué par d'effrayants bergers. Son frère et les sacs à dos avaient disparu, et par la même occasion, la carte et la boussole…

Le jeune homme décida de sortir prudemment de la forêt et se retrouva sur un vaste plateau. Il se refusa à emprunter les sentiers, de peur de tomber sur les bergers assoiffés de vengeance. Toute la matinée, Stéphane erra, à bout de nerfs, et la faim chevillée au ventre. Ses pas l'entraînèrent jusqu'à une falaise qu'il dut escalader. Il manqua plusieurs fois de tomber et de se rompre le cou.

Puis il pénétra dans une vallée boisée. Il avançait en se tenant sur ses gardes, quand il aperçut une silhouette au loin. Immédiatement, Stéphane se cacha derrière un arbre pour l'observer. La silhouette venait dans sa direction. Le jeune homme pouvait à présent mieux distinguer l'individu : il s'agissait d'un homme, la quarantaine, veste imperméable bleue, sac à dos vert fluo et bâton de marche. Le look du parfait randonneur. Stéphane sentit un immense soulagement l'envahir. Il se jeta presque sur le randonneur. Celui-ci recula de

être terrifié,e
- schreckliche Angst haben

désespéré,e
- ausweglos

traquer
- jagen, verfolgen

par la même occasion
- gleichzeitig

la boussole
- der Kompass

emprunter
- *hier*: nehmen

le sentier
- der Weg

assoiffé,e de vengeance
- rachsüchtig

à bout de nerfs
- mit den Nerven am Ende

la faim chevillée au ventre (fam.)
- ausgehungert

manquer de
- beinahe tun

se tenir sur ses gardes
- auf der Hut sein

la quarantaine
- in den Vierzigern

la veste imperméable
- die Regenjacke

vert fluo
- neongrün

le bâton de marche
- der Wanderstab

le soulagement
- die Erleichterung

quelques pas, surpris de tomber nez à nez avec un jeune garçon couvert de terre, les cheveux hirsutes et l'air paniqué.

« *S'il vous plaît ! Ils me... me poursuivent... J'ai be... besoin d'aide !* », balbutia Stéphane avant de sombrer dans un trou noir.

Un simple cauchemar

Lorsqu'il émergea, il était allongé par terre. Le randonneur était en train d'essayer de lui donner à boire. Stéphane reprit lentement ses esprits.

« *Alors, ça va mieux ?*, s'enquit le randonneur. *Qu'est-ce qu'il se passe, que t'arrive-t-il ? Au fait, je m'appelle Marc, et toi ?* »

Heureux de pouvoir à nouveau parler à quelqu'un, Stéphane raconta tout à Marc depuis le début : la partie de chasse avec son frère qui vire à la course-poursuite, les coups de corne de brume, la fusillade, la disparition de Jérémie. Marc était épouvanté : « *Je vais t'emmener jusqu'à ma voiture, tu y seras en sécurité. C'est à environ trois heures de marche d'ici. Mon téléphone est resté dans le vide-poche. On pourra alerter les secours*, le rassura-t-il. *On va le retrouver, ton frère. Est-ce que tu peux marcher ?* », demanda le randonneur à Stéphane. Ce dernier n'avait rien mangé depuis la veille et avait la tête qui tournait. Le randonneur lui donna des biscuits et un paquet de fruits secs que le jeune homme dévora. Une fois remis d'aplomb, Stéphane se leva et suivit son sauveur inespéré.

hirsute
- zottelig

balbutier
- stammeln

sombrer
- versinken

émerger
- wieder zu sich kommen

s'enquérir
- sich erkundigen

virer
- werden zu

la course-poursuite
- die Verfolgungsjagd

la corne de brume
- das Nebelhorn

la fusillade
- die Schießerei

épouvanté,e
- entsetzt

le vide-poche
- das Ablagefach

les secours (m/pl)
- *hier*: die Bergwacht

qn a la tête qui tourne
- jm ist schwindelig

dévorer
- verschlingen

remis,e d'aplomb
- wieder erholt

Marc lui raconta qu'il aimait venir faire de la randonnée à cette période de l'année parce que cette partie des Pyrénées était déserte. Il laissait sa femme et ses deux filles, et partait le week-end se ressourcer dans les montagnes. Il fuyait le stress de son métier de courtier, et seuls les vastes pâturages pouvaient l'apaiser. Très vite, Stéphane trouva Marc sympathique.

Les deux hommes marchaient ensemble depuis un bon moment, lorsque Marc proposa de faire une pause. Stéphane n'avait perçu aucun signe des bergers et entendu aucune corne de brume. Il commençait à se demander s'il n'avait pas tout simplement fait un cauchemar. Marc posa son sac et l'ouvrit pour en sortir quelques victuailles. Il proposa à Stéphane de se servir puis s'excusa : il avait un besoin urgent. Il laissa donc son sac et alla se soulager derrière un gros rocher, à une dizaine de mètres de là. Le jeune homme essayait tant bien que mal de se détendre. Alors qu'il mangeait encore quelques fruits secs, son regard tomba sur le sac entrouvert du randonneur. Sous le paquet de biscuits, une ombre bizarre attira son attention. Il souleva alors le paquet de gâteaux et découvrit une corne de brume...

Sans fin

Stéphane fut pris de panique. Ce type était-il vraiment un randonneur? Voulait-il vraiment l'aider ? Tout le poussait maintenant à croire que ce Marc était un compagnon des bergers ! Stéphane sentit le piège se refermer. Ses oreilles sifflèrent et il fut de nouveau pris de vertiges.

se ressourcer
- wieder auftanken

le courtier
- der Makler

le pâturage
- die Weide

apaiser
- beruhigen

le cauchemar
- der Albtraum

les victuailles (f/pl)
- der Proviant

le besoin
- das Bedürfnis

tant bien que mal
- mehr schlecht als recht

entrouvert,e
- halb offen

siffler
- *hier*: sausen

qn est pris,e de vertiges (m)
- jm wird schwindelig

Le jeune homme essaya de garder son sang-froid. Il reposa prudemment le paquet de biscuits dans le sac et prit une pierre qu'il cacha rapidement derrière son dos. À cet instant, Marc apparut de derrière les rochers et se dirigeait déjà vers lui. Il signala qu'ils n'étaient plus très loin de sa voiture. Et au moment où Marc se baissa pour refermer son sac, Stéphane l'assomma avec la pierre. Puis il se mit à courir, laissant derrière lui le randonneur à moitié inconscient.

En quelques minutes, il atteignit un petit vallon. Il s'arrêta pour reprendre son souffle. Une corne de brume retentit. Silence. Quelques secondes plus tard, un concert de cornes de brume s'éleva tout autour de lui. Le cauchemar continuait. Stéphane s'enfonça dans la forêt, sans savoir où il allait... Il venait d'avoir 18 ans.

se baisser
- sich bücken

assommer
- niederschlagen

inconscient,e
- bewusstlos

reprendre son souffle
- wieder zu Atem kommen

Exercice 15

Avez-vous bien compris ?
Lisez les phrases suivantes et classez-les dans l'ordre du texte.

A. Stéphane commence à aller mieux.
B. Stéphane a faim. Il sort de la forêt et arrive sur un plateau.
C. Stéphane assomme le randonneur et s'enfuit.
D. Stéphane est terrifié et désespéré. Il est seul, sans nourriture, perdu dans la forêt, et les bergers sont sur ses traces.
E. Stéphane part se soulager derrière un arbre et aperçoit dans le sac du randonneur une corne de brume.
F. Il rencontre un randonneur à qui il demande de l'aide.
G. C'est alors qu'un concert de cornes de brume retentit. La chasse à l'homme continue.
H. Le randonneur le réconforte, lui offre à boire et à manger.

1. ...... 2. ...... 3. ...... 4. ...... 5. ...... 6. ...... 7. ...... 8. ......

Exercice 16

Un peu de vocabulaire
Associez les débuts et fins d'expressions :

1. être assoiffée de...	A. gardes
2. être à bout de...	B. vengeance
3. se tenir sur ses...	C. son souffle
4. reprendre...	D. nerfs

1. ...... 2. ...... 3. ...... 4. ......

Le cap Nègre en émoi

Élisabeth Fétizon

An einem Mittelmeer-Strand wird die Leiche einer Frau gefunden. Sie führt Kommissar Marin auf die Spur zwielichtiger Männer. Wer ist der mysteriöse »Paul«, dessen Namen das Opfer vor seinem Tod gerufen hat? Was hat es mit diesem seltsamen Paket, das die Frau bergen wollte, auf sich?

Personnages principaux

Marin : commissaire de police
Bouvier : officier, coéquipier du commissaire
Pierre Blanc : gardien de la copropriété « domaine du cap Nègre »
Madame Ferrière : résidante au cap Nègre, la victime
Jeanne Tassin : femme de ménage de madame Ferrière
Loïc de la Fousse : président de la copropriété du domaine du cap Nègre
Brahim Benhaddou : jardinier du domaine du cap Nègre
Monsieur et madame Mounier : propriétaires d'une villa au domaine du cap Nègre

Premier épisode

Le mistral soufflait depuis trois jours sur la côte du Var et de fortes vagues charriaient un tapis d'algues sur les plages. Les bateaux restaient au port. Les vacanciers, eux, continuaient d'aller à la plage mais boudaient l'eau devenue trop froide. Pour les gens du pays, malgré un ciel bleu sans nuage, il faisait tout simplement mauvais temps.

Cette nuit-là, en dépit du vent qui ne faiblissait pas, un bateau à moteur longeait la côte et s'approchait du cap Nègre. La roche sombre, qui avait donné son nom à ce petit cap, se détachait clairement du ciel étoilé. Derrière la plage, entre les pins agités, on distinguait les silhouettes des villas de vacances et, sur les hauteurs, une villa plus grosse que les autres, aux pierres claires.

Le conducteur du bateau tentait de se rapprocher le plus près possible de la plage au pied du cap. Debout, à côté de lui, un homme au visage tanné tenait dans ses mains un paquet blanc.

« *Plus près ! Je peux pas sauter* », cria-t-il à son compagnon.

« *Impossible, le courant est trop fort ! Jette donc le sac sur la plage, le type va le récupérer tout de suite.*

– Tu es sûr qu'il est là ?

en émoi
► in Aufruhr

charrier
► antreiben

bouder
► fernbleiben

les gens (m/pl) du pays
► die Einheimischen

en dépit de
► ungeachtet

longer
► entlangfahren

la roche
► der Fels

sombre
► dunkel

se détacher de
► sich abheben gegen

étoilé,e
► sternenübersät

agité,e
► schwankend

tenter
► versuchen

debout
► stehend

tanné,e
► sonnengegerbt

sauter
► springen

le courant
► die Strömung

récupérer
► holen

– Oui, il est garé derrière la plage. Regarde ! Il vient de faire un appel de phares.

– Mais le paquet va être trempé...

– T'inquiète ! Il est bien emballé.»

L'homme lança le colis de toutes ses forces en direction de la plage. Celui-ci atterrit sur le sable mouillé.

« *Allez, on file !* »

Au même moment, à 30 mètres de là, une vieille femme descendait les petits escaliers d'une villa menant directement à la plage. Elle marchait d'un pas chancelant, luttant contre les rafales de vent. Arrivée au bord de l'eau, elle s'arrêta et fixa le bateau, déjà bien loin du rivage. Soudain, elle cria à pleins poumons :

« *Paul ! Reviens ! Je t'en supplie, reviens ! Paul !* »

Mais sa voix se perdit dans le sifflement du vent.

Domaine du cap Nègre

Le lendemain matin, à 9 heures, le commissaire Marin arrêta sa voiture devant un grand portail en bois foncé. Clouée dessus, une plaque dorée indiquait : « domaine du cap Nègre – copropriété ». Juste à côté, un interphone et une petite pancarte demandant aux visiteurs de s'annoncer.

être garé,e
- geparkt haben

faire un appel de phares
- kurz aufblenden

trempé,e
- nass

t'inquiète
- keine Sorge

atterrir
- landen

mouillé,e
- nass

filer
- verschwinden

chancelant,e
- wankend

la rafale de vent
- die Windböe

à pleins poumons
- aus vollem Hals

supplier
- anflehen

le sifflement
- das Pfeifen

foncé,e
- dunkel

cloué,e
- *hier*: angebracht

la copropriété
- *hier*: die Wohnanlage mit Eigentumswohnungen

l'interphone (m)
- die Gegensprechanlage

la pancarte
- das Schild

Marin s'exécuta. Une voix énergique se fit entendre dans l'appareil :

« C'est pour quoi ?

– Bonjour ! Commissaire Marin.

– Ah oui, je vous ouvre tout de suite. »

Le portail se mit lentement en mouvement. Le commissaire entra et gara sa Renault Mégane noire en face d'une petite maison couverte de bougainvilliers violets. Un homme ouvrit la porte et se présenta :

« Pierre Blanc. Je suis le gardien de la copropriété. »

Il tendit la main au commissaire qui la saisit.

« Comme je vous l'ai dit au téléphone monsieur le commissaire, j'ai trouvé le corps à 8 heures quand je suis descendu pour nettoyer la plage et... Bref, allons voir sur place. Vous montez avec moi ? »

Marin hocha la tête et s'installa dans la Peugeot rouge du gardien. La voiture descendit vers la mer, le long de routes étroites. Derrière les clôtures bordées de pins et d'eucalyptus, on devinait les demeures luxueuses et leurs piscines. Le gardien klaxonna avant de s'engager dans les derniers virages en épingle à cheveux taillés dans la roche.

« Oh là là, mais ils sont terribles ces tournants ! », grommela Marin.

Le commissaire n'était vraiment pas de bonne humeur. Voilà un mois qu'il s'entraînait avec ses amis du club *Les Boulistes hyérois* pour le grand tournoi de pétanque d'Hyères. Et juste aujourd'hui,

s'exécuter
➛ einer Aufforderung nachkommen

le gardien
➛ der Wachmann

saisir
➛ ergreifen

le corps
➛ die Leiche

hocher la tête
➛ nicken

la clôture
➛ der Zaun

klaxonner
➛ hupen

s'engager dans
➛ *hier:* nehmen

le virage en épingle à cheveux
➛ die Haarnadelkurve

taillé,e
➛ gehauen

le tournant
➛ die Kehre

le 14 août, premier jour du tournoi, il fallait qu'il reçoive ce funeste coup de fil lui annonçant la découverte d'un cadavre !

Une scène macabre

La Peugeot se gara sur le parking de la plage. Malgré sa contrariété, Marin ne put s'empêcher d'admirer la beauté de la vue qui s'offrait à lui. Le mistral était tombé, la mer scintillait de bleu et d'argent. Au loin, on voyait les Îles d'Or : Porquerolles, Port-Cros, Le Levant. Sur la droite, une élégante enfilade de baies, puis le port du Lavandou avec ses grands immeubles modernes, et le long cap Bénat.

Les deux hommes descendirent les quelques marches menant à la plage encore vide et s'approchèrent de l'eau. Sur le sable humide gisait une vieille femme. Son corps immobile était violacé, à moitié couvert d'algues. Une scène pour le moins macabre dans ce paysage idyllique.

« *Vous la connaissiez ?* », demanda le commissaire au gardien.

« *Oui, c'est madame Ferrière. Elle habitait la maison, là, au bout de la plage.* »

funeste
- verhängnisvoll

la contrariété
- der Verdruss

ne pas pouvoir s'empêcher
- nicht umhinkönnen

scintiller
- funkeln

l'enfilade (f)
- die Reihe

la marche
- die Stufe

gésir
- liegen

violacé,e
- bläulich verfärbt

pour le moins
- gelinde gesagt

Exercice 17

Avez-vous bien compris ?

Vrai (v) ou faux (f) ? Lisez puis cochez.

		v	f
1.	L'histoire se passe sur la Côte d'Azur.	❑	❑
2.	Deux hommes arrivent en bateau et s'arrêtent sur la plage au pied du cap Nègre.	❑	❑
3.	Ils déposent une vieille dame sur la plage.	❑	❑
4.	La vieille dame habite dans le domaine du cap Nègre.	❑	❑
5.	Le gardien de la propriété a été assassiné.	❑	❑
6.	Le corps a été trouvé à 8 heures du matin.	❑	❑
7.	Le commissaire ne peut pas participer au tournoi de pétanque à cause du meurtre.	❑	❑
8.	Il est donc de mauvaise humeur.	❑	❑

Exercice 18

Un peu de vocabulaire

Trouvez l'intrus dans les listes de mots suivantes.

1. le vent – le mistral – la roche – la bise
2. sombre – la silhouette – scintiller – foncé
3. le gardien – la plage – les vacanciers – la mer
4. gésir – le corps – marcher – funeste

Deuxième épisode

En cette fin de matinée du 14 août, une camionnette se dirigeait vers la sortie de la copropriété du domaine du cap Nègre. Dans sa remorque : des branches de pins et d'eucalyptus qui avaient cédé aux rafales du mistral des trois derniers jours. La chaleur du mois d'août se faisait pesante. De loin, le conducteur remarqua une agitation inhabituelle... La gendarmerie contrôlait les papiers de tous les véhicules qui quittaient le domaine. Le conducteur se crispa à la vue des gendarmes.

« Vos papiers, s'il vous plaît !

– Les voici.

– Brahim Benhaddou... Où allez-vous ?

– À la déchetterie pour y déposer des déchets verts. Je suis le jardinier de la copropriété.

– Où avez-vous passé la nuit ?

– Chez moi, à Cavalière.

– Vous avez un témoin ?

– Bien sûr, ma femme !

– Quand êtes-vous arrivé au domaine ?

– Vers 7 h 30, comme tous les matins. Mais pourquoi toutes ces questions ?

– Une femme a été retrouvée morte sur la plage. Vous pouvez circuler. »

la camionnette
➤ der Kleintransporter

la copropriété
➤ *hier*: die Wohnanlage mit Eigentumswohnungen

la remorque
➤ der Anhänger

la branche
➤ der Zweig

le pin
➤ die Kiefer, die Pinie

céder
➤ *hier*: nicht standhalten

la rafale
➤ die Böe

pesant,e
➤ drückend

l'agitation (f)
➤ das Treiben

se crisper
➤ sich verkrampfen

la vue
➤ der Anblick

les déchets (m) verts
➤ der Biomüll

circuler
➤ *hier*: weiterfahren

Le jardinier redémarra. Mais à peine quelques kilomètres plus loin, il se gara sur le bas-côté de la route, prit son portable et composa fébrilement un numéro. Une voix masculine se fit entendre au téléphone.

«Allô ?

– *Allô, c'est Brahim. Je viens de sortir du domaine du cap Nègre. La marchandise arrivera comme prévu dans une heure à Toulon. Mais vous aviez dit pas de bavures, pas de mort, on fait ça discrètement... Je me suis retrouvé avec la police sur le dos ! C'est ça la discrétion ?! Alors je veux le double du pognon !*»

Son interlocuteur raccrocha sans ajouter un mot. Brahim explosa :

«*Et merde ! Merde, merde et merde !*»

Quand on parle du loup...

Au même moment, le commissaire Marin et son acolyte, le jeune officier Bouvier, atteignaient en voiture la villa aux pierres claires, la plus belle de la copropriété. Ils se garèrent entre une Porsche et un 4x4 Mercedes noir immatriculés en Suisse. À l'ombre d'une loggia, une femme blonde d'une trentaine d'années et deux enfants étaient en train de déjeuner. La femme portait une tunique en lin blanc et quelques bracelets fantaisie de couleur.

«*Madame Mounier ?*

– *Oui ?*

– *Excusez-nous de vous déranger*, dit Marin en montrant sa carte de police. *Commissaire Marin de la police judiciaire et mon collègue, le lieutenant Bouvier.*

redémarrer
- wieder losfahren

se garer
- parken

le bas-côté de la route
- der Straßenrand

fébrilement
- hektisch

la bavure
- der Irrtum

le pognon (fam.)
- die Kohle

raccrocher
- auflegen

quand on parle du loup...
- wenn man vom Teufel spricht

l'acolyte (m)
- *hier*: der Assistent

le 4x4
- Wagen mit Allradantrieb

immatriculé,e
- zugelassen

– *Eh ! Tu es un vrai commissaire ?*, demanda l'un des deux enfants avec admiration.

– *Oui, un vrai de vrai !*, répondit Marin dans un grand sourire.

– *Mon papa, il est banquier. Mais moi, quand je serai grand, je veux aussi être commissaire.*

– *Moi, je veux être médecin, comme ma maman !* », ajouta l'autre enfant.

Madame Mounier envoya les deux petits jouer dans le salon. Elle fit ensuite signe aux policiers de venir s'asseoir :

« *Je vous en prie. Mon mari est au téléphone. Que puis-je faire pour vous ?*

– *Madame, nous sommes ici au sujet de la mort de l'une de vos voisines.*

– *Oui, c'est une affreuse tragédie.*

– *Vous connaissiez bien madame Ferrière ?*

– *Ben... Euh... C'est beaucoup dire. Nous l'invitions chaque été à prendre un apéritif chez nous. Elle était veuve, sans enfants. Mais cette année, elle a refusé notre invitation. Elle ne se sentait pas bien d'après sa femme de ménage que j'ai croisée par hasard la semaine dernière en ville.*

– *Je suis désolé mais je dois vous demander ce que votre mari et vous avez fait hier soir...*

– *Mais je comprends ! Mon mari a...*

– *Me voilà ! Quand on parle du loup !* »

Trop tôt pour le dire

Un homme en bermuda blanc, chemise Lacoste rose et lunettes de soleil sur la tête apparut. Il tendit la main aux policiers.

« Michel Mounier.

– *Mon chéri, monsieur le commissaire voudrait savoir ce que nous avons fait hier soir. J'allais lui dire que tu...*

avec admiration
► bewundernd

vrai de vrai
► waschecht

c'est beaucoup dire
► das wäre zu viel gesagt

la veuve
► die Witwe

croiser
► begegnen

j'allais lui dire
► ich wollte ihm gerade sagen

– *Qu'après le dîner, j'ai invité ma femme à faire un tour en Porsche sur la route des Crêtes. D'en haut, on a une vue magnifique sur la côte. Nous sommes rentrés vers minuit, nous avons pris un verre et nous sommes allés nous coucher.*

– *Très bien, merci. Nous n'allons pas vous déranger plus longtemps,* dit le commissaire en se levant.

– *Bien sûr, nous restons à votre disposition* », ajouta monsieur Mounier.

Marin et Bouvier retournèrent à leur voiture.

« *Qu'en pensez-vous, patron ?*, demanda Bouvier.

– *Que j'aime pas ses grosses lunettes de frimeur et qu'il interrompt un peu trop sa femme !* Mais est-ce que *c'est important pour notre enquête ? Ça, c'est trop tôt pour le dire...* »

déranger
▸ stören

le frimeur
▸ der Schaum-schläger

l'enquête (f)
▸ die Ermittlung

Exercice 19

Un peu de vocabulaire

Cherchez dans le texte un synonyme de :

1. l'argent : ....
2. l'assistant : ....
3. une personne qui se donne de l'importance : ....
4. un téléphone que l'on peut emporter partout : ....
5. l'erreur : ....

Exercice 20

Avez-vous bien compris ?
Qu'est-ce qui est correct ? Lisez puis cochez.

1. Le jardinier de la copropriété va à la déchetterie pour...
   - ❑ A. déposer des déchets verts.
   - ❑ B. déposer des vieux outils de jardins.

2. Il téléphone pour...
   - ❑ A. prévenir son complice qu'il a été arrêté par la police.
   - ❑ B. demander le double d'argent à un inconnu.

3. Les policiers entrent dans une villa. Quand ils arrivent, la jeune mère...
   - ❑ A. déjeune avec ses enfants.
   - ❑ B. joue avec ses enfants.

4. La famille et la vieille dame...
   - ❑ A. se connaissaient très bien.
   - ❑ B. se voyaient une fois par an pour un apéritif.

5. Le commissaire trouve le mari...
   - ❑ A. très sympathique et très clair dans ses explications.
   - ❑ B. trop frimeur. De plus, il ne laisse pas sa femme répondre aux questions.

Troisième épisode

«30 degrés ? Chef, pourquoi vous faites pas réparer cette foutue clim ? C'est insupportable cette chaleur !», se plaignit Bouvier en ouvrant la fenêtre côté passager. Le commissaire n'écoutait pas son coéquipier. Il quitta la départementale et prit la direction Lavandou-centre. Il était près de 10 heures du matin, et cette journée du 15 août s'annonçait longue.

« Bouvier, redonne-moi l'adresse de la femme de ménage de madame Ferrière... C'est comment son nom déjà ?

– Jeanne Toussin. 20, rue Charles-Cazin, près de la poste. C'est là qu'habitaient mes grands-parents du temps où Le Lavandou était encore un joli petit port... »

À peine la voiture garée, le portable du commissaire se mit à sonner.

« Marin, j'écoute... Bonjour docteur ! Vous travaillez dans le seul endroit de la côte où il fait frais, je vous envie, vous savez ! Ah, vous avez déjà les résultats de l'autopsie ?... Très bien, merci.

– Du nouveau, patron ?

– Madame Ferrière est morte noyée entre minuit et une heure du matin. On n'a pas trouvé de trace de lutte sur son corps, mais une fracture du col du fémur et une dose assez forte de somnifères dans le sang. Voyons ce qu'en dit sa femme de ménage... »

foutu,e
- verdammt

la clim(atisation)
- die Klimaanlage

le côté passager
- die Beifahrerseite

le coéquipier
- *hier*: der Kollege

s'annoncer
- sich abzeichnen

la femme de ménage
- die Zugehfrau

déjà
- *hier*: noch gleich

à peine
- kaum dass

garé,e
- geparkt

envier
- beneiden

mourir noyé,e
- ertrinken

la trace
- die Spur

le col du fémur
- der Oberschenkelhals

le somnifère
- das Schlafmittel

Pas commode

« Oui, elle dormait mal et prenait des somnifères. À mon avis, beaucoup trop. Mais il n'y avait rien à faire. Et puis, elle commençait à perdre un peu la tête. Vous me direz, à 85 ans... », expliqua madame Toussin.

Marin et Bouvier étaient assis dans la cuisine de Jeanne Toussin, visiblement troublée par les évènements. Madame Toussin reprit :

« Madame Ferrière vivait de mai à septembre au cap Nègre. La seule visite qu'elle recevait était celle de son frère Paul, qui faisait chaque été une croisière en Méditerranée. Cette année, il n'était pas encore venu et ça la perturbait. Dès qu'elle voyait un bateau s'approcher de la plage, elle me disait : "c'est Paul !"

– Je vois. Vous lui connaissiez des ennemis ?, poursuivit le commissaire.

– Des ennemis ? C'est un bien grand mot ! Mais elle n'était pas commode et avec l'âge, ça ne s'arrangeait pas. Il y a deux mois par exemple, elle a demandé sèchement à monsieur Benhaddou, le jardinier du domaine, de ne plus s'occuper de sa parcelle.

– Et vous savez pourquoi ?

– Non, mais vous pouvez demander à monsieur de la Fousse, le président de la copropriété. Il en sait sûrement plus à ce sujet.

– Pour la forme, je dois vous demander ce que vous faisiez avant-hier soir, entre minuit et une heure du matin.

– Je dormais ! Je me lève à 6 heures tous les matins pour aller travailler. Mon mari peut confirmer.

– Ce ne sera pas nécessaire. Merci. »

commode
- umgänglich, einfach

perdre un peu la tête
- den Verstand verlieren

vous me direz
- andererseits

troublé,e
- verstört, erregt

reprendre
- weitersprechen

perturber
- durcheinanderbringen

sèchement
- schroff

Ennemis potentiels

En fin de matinée, le commissaire Marin et l'officier Bouvier descendirent sur la plage dans l'espoir de récolter quelques indices auprès des vacanciers. Ils se faufilèrent entre les enfants jouant dans le sable et les jeunes gens allongés au soleil. Ils n'eurent pas le temps de poser une seule question qu'un homme aux cheveux grisonnants les aborda cordialement.

« Loïc de la Fousse, président de la copropriété. On m'a dit que vous me cherchiez ?

– Pas encore, mais ça n'aurait tardé ! Commissaire Marin de la police judiciaire et mon collègue, le lieutenant Bouvier.

– Enchanté. »

Marin alla droit au but :

« Nous avons appris que monsieur Benhaddou avait eu un conflit avec madame Ferrière…

– Oui, elle l'a congédié après dix ans de loyaux services, pour quelques fleurs qu'il aurait abîmées devant chez elle. Personnellement, je n'ai jamais eu à me plaindre de monsieur Benhaddou.

– Et le voisin de madame Ferrière ?

– Monsieur Mounier ? Pas grand-chose à en dire… Enfin… Il fait partie des nouveaux propriétaires qui ne sont pas vraiment intégrés.

– Et pour quelle raison ?

– Vous savez, ici, c'est très familial. Les maisons se transmettent généralement

récolter
- sammeln

l'indice (m)
- der Hinweis

se faufiler entre
- sich hindurchschlängeln

grisonnant,e
- graumeliert

aborder
- ansprechen

cordialement
- freundlich

tarder
- dauern

enchanté,e
- erfreut

congédier
- entlassen

abîmer
- kaputt machen

devant chez elle
- vor ihrem Haus

se transmettre
- sich weitervererben

de génération en génération. Nous n'apprécions pas ceux qui se font construire de nouvelles villas pour les revendre quelques années plus tard avec une bonne plus-value.

– Et les relations de la famille Mounier avec madame Ferrière ?

– Justement, monsieur Mounier souhaitait racheter une partie du terrain de sa voisine pour agrandir sa maison, mais elle était contre. Par contre, son frère Paul...»

La sonnerie du portable du commissaire interrompit monsieur de la Fousse.

«*Excusez-moi*», dit Marin en s'éloignant. Au bout du fil, une voix de femme :

«*Commissaire Marin ? Madame Brun à l'appareil. Je suis une vacancière du cap Nègre. Mon fils a une déposition importante à faire. Pouvons-nous passer vous voir au commissariat ?*»

apprécier ▸ mögen

la plus-value ▸ der Gewinn

la sonnerie ▸ das Klingeln

la déposition ▸ die Aussage

Exercice 21

Un peu de vocabulaire

Cherchez dans le texte les mots correspondant aux définitions suivantes :

1. Elle nettoie la maison de quelqu'un d'autre : ....
2. Il possède une maison : ....
3. Il entretient le jardin : ....
4. Elle est en vacances : ....
5. Il travaille avec quelqu'un d'autre : ....

Exercice 22

Avez-vous bien compris ?

Lisez le texte et répondez aux questions suivantes.

1. Comment Madame Ferrière est-elle morte ?

   ....

2. À quelle heure ?

   ....

3. La victime dormait-elle bien d'habitude ?

   ....

4. Pourquoi Madame Ferrière a-t-elle congédié le jardinier ?

   ....

5. Monsieur Mounier est-il bien intégré à la copropriété ? Pourquoi ?

   ....

Quatrième épisode

Il faisait lourd dans le bureau du commissaire. Assis en face de lui, un garçon de 15 ans, visiblement intimidé, accompagné de sa mère. Le garçon se lança : « *Avant-hier soir, vers minuit, je suis rentré du bar* Le Cannier *en longeant la plage. En passant par les rochers pour rejoindre le cap Nègre, j'ai vu un bateau s'approcher. Un type a lancé un paquet et, au même moment, à l'autre bout de la plage, une dame est arrivée. Elle s'est approchée de l'eau et a crié plusieurs fois le prénom Paul. Puis je suis remonté vers le parking et c'est là que j'ai vu un homme sortir d'un 4x4 et descendre à son tour vers la plage. J'ai pris un autre petit chemin pour rentrer chez moi, parce que je ne voulais pas me faire remarquer...* »

Sa mère précisa : « *Oui, ne pas se faire remarquer... parce que son père et moi, figurez-vous, nous ne savions pas qu'il était sorti !* »

Marin adressa un regard réprobateur au gamin, puis lui demanda :

« *Tu connaissais cet homme ?*

– De vue.

– Tu peux me le décrire ?

– Cheveux foncés et, sur la tête, des lunettes avec une grosse monture à la mode. En pleine nuit ! Débile, non ?

– Pas faux. Et son âge ?

– Euh... La quarantaine, je dirais.

– Et son 4x4 ?

– Une Mercedes noire, je crois. »

Marin bondit de son fauteuil.

lourd,e
- schwül

intimidé,e
- eingeschüchtert

se lancer
- *hier*: loslegen

longer
- entlanglaufen an

lancer
- werfen

le bout
- das Ende

le 4x4 (quatre-quatre)
- der Wagen mit Allradantrieb

à son tour
- seinerseits

se faire remarquer
- bemerkt werden

réprobateur,trice
- vorwurfsvoll

de vue
- vom Sehen

foncé,e
- dunkel

la monture
- das Gestell

débile
- idiotisch

bondir
- aufspringen

Risques et embrouilles

30 minutes plus tard, le commissaire Marin et son collègue Bouvier se garaient derrière la maison des Mounier. La Mercedes noire ainsi qu'une camionnette y étaient déjà stationnées.

«*Tiens, y'a de la visite!*», chuchota Bouvier. En contournant la maison, les deux policiers entendirent des voix...

«*Vous m'aviez dit pas d'embrouilles! J'ai pris de gros risques en sortant la came du cap Nègre avec tous ces flics dans le coin! C'est le double d'argent, ou je parle à votre femme de vos dettes de jeu et de votre trafic!*

– Parce que tu penses pouvoir me menacer? Mais qu'est-ce que tu crois? On est dans le même bateau, mon cher Brahim!»

Dans de beaux draps

«*Je n'ai pas tué madame Ferrière!*», répéta pour la énième fois Michel Mounier. Dans le bureau du commissaire, le riche propriétaire commençait à perdre sa patience et ses forces. Il n'avait pas pu joindre d'avocat, ce qui était prévisible en plein week-end du 15 août. La perspective de rester plusieurs nuits en garde à vue au commissariat le paniquait. Marin haussa le ton:

«*Monsieur Benhaddou a tout avoué du trafic auquel vous êtes mêlé. De plus, on vous a vu descendre vers la plage peu avant la mort de la défunte, alors c'est la dernière fois que je vous le demande, que s'est-il passé après le départ du bateau?*»

l'embrouille (f)
- die Machenschaften, der Unfug

se garer
- parken

chuchoter
- flüstern

la came
- der Stoff

la dette
- die Schuld

le trafic
- der Drogenhandel

être dans de beaux draps (m)
- in der Klemme sitzen

énième
- x-te

la garde à vue
- der Polizeigewahrsam

hausser le ton
- wütend werden

avouer
- gestehen

être mêlé,e à
- verwickelt sein in

la défunte
- die Verstorbene

Michel Mounier se prit la tête dans les mains et commença à tout raconter.

« *Il y a un mois, au casino de Cannes, j'ai perdu beaucoup d'argent au Black jack. C'était la troisième fois cet été. Je ne voulais rien dire à ma femme... mais j'étais ruiné ! Un homme qui m'avait observé jouer s'est adressé à moi et m'a dit qu'il pouvait m'avancer ma dette de jeu en échange d'un service...*

– *En devenant un maillon de son trafic de drogue ?*, avança le commissaire.

– *Je me suis juste engagé à intercepter un colis qui devait arriver par la mer et à le déposer dans un casier de la consigne de la gare de Toulon.*

– *Vous avez fait ça plusieurs fois ?*

– *C'était la deuxième fois. L'homme avait parlé de trois fois... Cette fois-ci, madame Ferrière est arrivée sur la plage au moment de la livraison et, quand elle a vu le paquet au bord de l'eau, elle l'a ramassé. Alors je me suis précipité vers elle et lui ai gentiment demandé de me le remettre. Mais cette folle s'y est agrippée de toutes ses forces ! Et elle criait : "C'est de la part de mon frère ! C'est pour moi !" J'ai tiré de mon côté, elle a fini par lâcher prise et par tomber au bord de l'eau. J'ai simplement tourné les talons...*

– *Non-assistance à personne en danger. Mais dites-moi, ça vous arrangeait bien de la laisser au bord de l'eau par une nuit de mistral... Madame Ferrière était un témoin gênant pour vous, qui, en plus, refusait de vous vendre son terrain. Eh bien, vous êtes dans de beaux draps ! La seule chose qui puisse vous aider est de tout nous dire sur la prochaine livraison. Le jour, l'heure et le numéro du casier de la consigne de Toulon... Tout !* »

avancer
- vorstrecken

en échange de
- für

le service
- der Gefallen

le maillon
- das Glied

intercepter
- entgegennehmen

le casier
- das Fach

la consigne
- die Gepäckaufbewahrung

ramasser
- aufheben

se précipiter
- sich stürzen

s'agripper à
- sich festklammern an

lâcher prise
- loslassen

tourner les talons (m)
- Fersengeld geben

la non-assistance à personne en danger
- die unterlassene Hilfeleistung

gênant,e
- unbequem

Le commissaire regarda soudain sa montre et attrapa son téléphone :

« *Bouvier, j'ai besoin de toi pour enregistrer la* déposition *de monsieur Mounier. Je dois* filer*...* »

15 minutes plus tard, Marin se gara place Noailles. Il arrivait à temps pour voir ses amis jouer la finale du grand tournoi de pétanque d'Hyères. La journée était sauvée !

la déposition
- die Aussage

filer
- gehen

Exercice 23

Un peu de vocabulaire

Complétez les expressions avec les mots suivants.

ton – talons – mêlé à – remarquer – draps

1. se faire ....
2. être dans de beaux ....
3. hausser le ....
4. être ....
5. tourner les ....

Exercice 24

Avez-vous bien compris ?
Lisez le texte puis associez les débuts et fins de phrases.

1. Un garçon de 15 ans vient faire avec sa mère...
2. Il a vu un homme en bateau...
3. La vieille dame est arrivée...
4. La vieille femme a ramassé le paquet...
5. Le jardinier a essayé de le lui arracher...
6. Le jardinier est parti...

A. au même moment sur la plage.
B. mais elle est tombée dans l'eau.
C. une déposition au commissariat.
D. lancer un paquet sur la plage.
E. sans l'aider.
F. et n'a pas voulu le donner.

1. ...... 2. ...... 3. ...... 4. ...... 5. ...... 6. ......

Huis-clos à marée basse

SARAH LACHHAB

Die Grande Île, Inselgruppe Chausey, Normandie. Marcelle ist Geschäftsführerin einer Jugendherberge auf der Insel. Plötzlich wird die Leiche eines Bewohners gefunden. Dabei handelt es sich um den Globetrotter Vincent. Findet sich der Mörder unter den anderen Gästen?

Personnages principaux

Marcelle : employée de l'auberge de jeunesse *La Tourmente*
Monsieur Morbier : propriétaire de l'auberge de jeunesse
Shaun : hôte de l'auberge de jeunesse
Vincent : globe-trotter, victime
Erika : amie et collègue de Marcelle
Philip, Anamika : hôtes de l'auberge de jeunesse

Premier épisode

Mer agitée. Ciel bas. Mouettes bavardes. Ce sont les premières informations que Marcelle relève en prenant une bouffée d'air frais lorsqu'elle ouvre sa fenêtre à six heures, ce dimanche matin. L'espoir d'avoir un peu de ciel bleu en cette fin novembre n'est pas vain... C'est à cette pensée que s'accroche la jeune femme lorsqu'elle quitte sa petite maison située près du village normand des Blainvillais, sur la Grande Île de l'archipel de Chausey. Depuis deux ans, comme presque tous les matins, elle se rend à pied à *La Tourmente*, l'auberge de jeunesse où elle travaille.

Aucun bruit, aucune réponse

C'est la fin de la saison, et les hôtes ne sont pas nombreux en cette période. Neuf en tout. Dans quelques jours, l'auberge fermera pour deux mois. L'occasion pour Marcelle de quitter son île et sa quiétude pour aller faire un tour sur le «continent». La jeune femme cache sous son bonnet quelques mèches de ses cheveux bruns, ébouriffées par un vent violent. Enfin, la silhouette de la vaste maison blanche se dessine à l'horizon.

Une fois à l'intérieur de l'auberge, Marcelle accroche ses affaires dans le placard de l'entrée, allume la lumière de la cuisine et met de la musique douce en fond sonore.

huis-clos (m)
▸ geschlossene Gesellschaft

la marée basse
▸ die Ebbe

agité,e
▸ bewegt, unruhig

la mouette
▸ die Möwe

relever
▸ *hier*: mitbekommen

prendre une bouffée d'air frais
▸ *hier*: tief Luft holen

vain,e
▸ aussichtslos

s'accrocher
▸ sich klammern

l'hôte (m)
▸ der Gast

la quiétude
▸ die Ruhe

la mèche
▸ die Strähne

ébouriffé,e
▸ zerzaust

se dessiner
▸ sich abzeichnen

accrocher
▸ aufhängen

le fond sonore
▸ die Geräuschkulisse

Avant de préparer le petit-déjeuner des hôtes encore couchés, elle se dirige vers les sanitaires pour y faire un rapide ménage et vérifier qu'il ne manque rien. La jeune femme remarque alors que toutes les portes sont ouvertes. Sauf une. Celle des toilettes du fond est fermée. Intriguée, elle colle son oreille contre la porte. Rien. Aucun bruit. Elle toque à la porte. Aucune réponse. Elle tourne la poignée. La porte n'est pas verrouillée. Elle l'entrouvre doucement, et s'immobilise aussitôt.

Découverte macabre

Un homme mort gît à côté de la cuvette, le visage tuméfié. Marcelle se retient de crier. Elle referme vivement la porte avant de la verrouiller avec son passe-partout. La panique la gagne. Craignant de croiser quelqu'un, elle se réfugie dans le dortoir numéro 3, vide, qui fait face à la salle de bains, et s'assoit sur l'un des lits pour réfléchir. Elle connaît la victime. Il s'agit de Vincent, un voyageur sympathique mais agaçant lorsqu'il se mettait à raconter ses randonnées au Tadjikistan et toutes ses prouesses de globe-trotter.

Il était arrivé sur l'île trois jours plus tôt et se comportait déjà comme s'il était le propriétaire des lieux. Prenant part à toutes les discussions, Vincent arrivait toujours à placer l'une de ses – formidables – anecdotes. Énervant certes, mais de là à se faire assassiner...

faire le ménage
- putzen

intrigué,e
- neugierig geworden

coller son oreille contre
- lauschen an

toquer à
- klopfen an

tourner la poignée
- den Griff drücken

verrouiller
- verriegeln

entrouvrir
- einen Spalt breit öffnen

doucement
- behutsam

s'immobiliser
- erstarren

gésir
- liegen

la cuvette
- das Becken

tuméfié,e
- geschwollen

croiser
- begegnen

le dortoir
- der Schlafsaal

agaçant,e
- nervend

la prouesse
- die Heldentat

les lieux (m/pl)
- die Örtlichkeit

mais de là à
- aber deswegen gleich

assassiner
- umbringen

Dans la fosse aux lions

Machinalement, Marcelle sort son téléphone et compose le numéro de la police de Granville, la plus proche commune sur le « continent ». Au bout du fil, un officier l'interroge sur l'identité de la victime et l'heure de la découverte.

« *Je vais envoyer une équipe le plus rapidement possible sur les lieux. Malheureusement, nous sommes en petit effectif ce matin et il nous faudra au moins deux heures pour rejoindre l'île. Il faut que vous demandiez à vos hôtes de rester à l'auberge jusqu'à notre arrivée. Nous faisons au plus vite mais il est important que tous les occupants restent sur les lieux afin qu'on puisse les interroger.*

– Ça va être difficile de contenir tout le monde et de ne pas céder à la panique. Je ne peux pas faire comme si de rien n'était...

– Nous faisons au plus vite, mademoiselle. »

Marcelle reste encore un instant assise sur le lit, puis décide d'envoyer un message à ses collègues de travail et à monsieur Morbier, le propriétaire de l'auberge, pour les prévenir de l'arrivée imminente de la police. Tous les journaux locaux en parleraient sûrement dans les jours à venir. Elle respire un grand coup pour reprendre courage. Dans le couloir, elle croise l'un des hôtes, Shaun, qui vient manifestement de sortir du lit : « *Bah alors, Marcelle, tu traînes ce matin ?* »

Marcelle affiche un sourire avant de s'engouffrer dans la cuisine comme on pénètre dans la fosse aux lions...

la fosse
- die Grube

machinalement
- mechanisch

composer
- wählen

au bout du fil
- am Ende der Leitung

être en petit effectif
- schwach besetzt sein

rejoindre
- gelangen zu

contenir
- zurückhalten

céder à
- erliegen

prévenir
- warnen

respirer un grand coup
- tief einatmen

traîner
- trödeln

afficher un sourire
- lächeln

s'engouffrer
- sich stürzen

Exercice 25

Avez-vous bien compris ?
Qu'est-ce qui est faux ? Lisez, cochez et corrigez.

1. L'histoire se passe en Normandie, sur la Grande Île de l'archipel de Chausey. ❑

   ....

2. On est en plein été, il fait beau et chaud. ❑

   ....

3. Marcelle est femme de ménage dans une auberge de jeunesse. ❑

   ....

4. Elle découvre un cadavre dans les toilettes du fond. ❑

   ....

5. C'est une jeune fille au visage tuméfié. ❑

   ....

6. Marcelle ne connaît pas la victime. ❑

   ....

7. Elle appelle la police qui lui demande de retenir tous les hôtes à l'auberge jusqu'à l'arrivée des policiers. ❑

   ....

8. Marcelle reste calme. ❑

   ....

Exercice 26

Un peu de vocabulaire

Cherchez dans le texte les mots correspondant aux définitions suivantes :

1. quand la mer est loin du bord :

   ....

2. personne qui séjourne dans un hôtel :

   ....

3. synonyme de curieux :

   ....

4. quand on arrête de bouger :

   ....

5. endroit où dorment plusieurs personnes :

   ....

Deuxième épisode

Marcelle se concentre sur ses œufs au plat qui crépitent dans la poêle. Tout en préparant le petit-déjeuner pour ses hôtes, elle tente tant bien que mal de retrouver son calme. Elle salue les premières personnes qui viennent s'attabler dans la cuisine, et attend que tout le monde soit là avant de prendre la parole...

Calme apparent

« J'ai quelque chose de terrible, une horrible nouvelle à vous annoncer. Ce matin en arrivant, j'ai découvert un cadavre dans les toilettes. C'est celui de Vincent. J'ai déjà prévenu la police, qui est en route, mais le temps qu'elle arrive, j'aurais besoin de votre coopération. Surtout que personne ne quitte l'auberge. J'aimerais donc que nous puissions attendre tous ensemble ici, et si possible dans le calme. Est-ce que tout le monde comprend ? »

Un murmure traverse l'assemblée. Personne ne fait mine de se lever. Personne ne réagit vraiment à l'annonce de la découverte macabre. Puis un silence pesant se répand dans la cuisine.

En servant le petit-déjeuner à ses hôtes, Marcelle les observe attentivement. Elle a la sensation que ce calme n'est qu'apparent. Se pourrait-il qu'un meurtrier se cache parmi eux ? C'est sans doute la première fois qu'un drame pareil se déroule sur leur île. Marcelle se rend compte que cet évènement pourrait bien changer à jamais

l'œuf (m) au plat
- das Spiegelei

crépiter
- *hier*: brutzeln

tant bien que mal
- mehr schlecht als recht

s'attabler
- sich an den Tisch setzen

apparent,e
- scheinbar

prévenir
- verständigen

l'assemblée (f)
- die Runde

faire mine
- Anstalten machen

se répandre
- sich ausbreiten

attentivement
- aufmerksam

le meurtrier
- der Mörder

se dérouler
- sich abspielen

le destin de son auberge *La Tourmente*. Elle n'avait jamais aussi bien porté son nom...

Les chuchotements de Sally et de Shaun, un couple anglais, la sortent subitement de ses pensées. Elle tend l'oreille mais ne parvient pas à comprendre ce qu'ils se disent. À côté d'eux, Anamika, une grand-mère indienne, a du mal à tenir en place. Elle murmure des phrases incompréhensibles, comme si elle se parlait à elle-même. En face, le jeune Espagnol Eduardo et les deux randonneurs Philip et Aki lui lancent un regard perçant. Tandis que les deux étudiantes Jeanne et Lucie fixent devant elles sans rien dire. Une ambiance électrique règne dans la pièce.

Comme un robot

La cloche de la porte d'entrée résonne. C'est Erika, amie et collègue de Marcelle. Elle a perdu son sourire habituel. Quand elle entre dans la cuisine, c'est comme si tout le monde réalisait soudainement le drame. L'angoisse collective prend forme. Marcelle somme de nouveau ses hôtes à rester tranquilles et à ne pas quitter la pièce. Les deux collègues s'éloignent et s'immobilisent dans le couloir. Puis elles se prennent dans les bras :

« *Ma pauvre Marcelle*, commence Erika, *je suis bouleversée. Et toi, comment te sens-tu ? Tu dois être dans un état effroyable... C'est trop horrible. Qu'est-ce qu'on va faire ? Est-ce qu'on va fermer l'auberge ?*

– *Pour l'instant, il faut juste que tout le monde reste là et attendre que la*

le destin
▸ das Schicksal

la tourmente
▸ die Unruhen

le chuchotement
▸ das Tuscheln

tendre l'oreille (f)
▸ die Ohren spitzen

tenir en place
▸ still sitzen

le randonneur
▸ der Wanderer

lancer un regard
▸ anblicken

perçant,e
▸ durchdringend

fixer droit devant soi
▸ vor sich hin starren

résonner
▸ ertönen

sommer
▸ auffordern

s'éloigner
▸ sich entfernen

s'immobiliser
▸ stehen bleiben

effroyable
▸ schrecklich

police arrive. Après, on verra. On proposera peut-être aux gens de leur trouver un hébergement sur le continent.

– Mais comment fais-tu pour rester si calme, Marcelle ? Tu réagis comme un robot... C'est un meurtre, ici, chez nous ! Et Vincent... Mon Dieu, quand j'y pense, c'était déjà la quatrième fois qu'il venait ici, sur l'île. Je le connaissais bien, tu sais, je...

– Oh, Erika, ma pauvre, je suis désolée, je ne savais pas que tu étais si proche de lui. Tu n'aurais pas dû venir...

– Bien sûr que si ! Dès que j'ai lu ton message, je me suis précipitée hors de chez moi, je ne pouvais pas faire autrement. Vincent, pauvre Vincent... Je... Tu imagines ? Si c'est l'un d'eux le coupable ?? C'est...

– C'est vrai que leur comportement est assez bizarre... Mais tu sais, ça peut très bien aussi être quelqu'un de l'extérieur. On ne peut pas savoir. Ça ne sert à rien de paniquer. Tu sais quoi, Erika ? Tu devrais aller sur le port pour guider les policiers. Je pense qu'ils ne devraient pas tarder à arriver.»

Imperturbable marée

Marcelle accompagne sa collègue jusque sur le pas de la porte de l'auberge, et la regarde s'éloigner. Elle reste là un moment, l'air hagard, avant de rentrer rejoindre sa drôle de troupe. Tout en fixant la mer, la jeune femme pense à la marée. À cette eau qui monte et qui descend, imperturbablement. Sans que jamais rien ne la déroute. Rien. Ni même l'hiver, ni même un cargo. Ni même un meurtre.

l'hébergement (m)
► die Unterkunft

dès que
► sobald

se précipiter hors de chez soi
► aus dem Haus stürzen

ne pas tarder à arriver
► bald kommen

imperturbable
► unbeirrbare,r,s

la marée
► die Gezeiten

le pas de la porte
► die Türschwelle

hagard,e
► verstört

drôle de
► komische,r,s

dérouter
► durcheinander-bringen

ni même
► nicht einmal

le cargo
► das Frachtschiff

Exercice 27

Avez-vous bien compris ?

Qu'est-ce qui est juste ? Lisez puis cochez.

1. Marcelle a du mal à garder son calme car elle a...
   - ❑ A. peur de faire brûler ses œufs au plat.
   - ❑ B. une terrible nouvelle à annoncer.

2. Les hôtes n'ont pas le droit de quitter l'auberge...
   - ❑ A. tant qu'ils n'ont pas fini leurs œufs au plat.
   - ❑ B. tant que la police n'est pas arrivée.

3. Une ambiance électrique règne dans la pièce car...
   - ❑ A. les personnes présentes se soupçonnent .
   - ❑ B. les personnes présentes attendent la police.

4. Erika, la collègue de Marcelle, est bouleversée...
   - ❑ A. à cause des hôtes de l'auberge.
   - ❑ B. car elle connaissait très bien la victime.

Exercice 28

Un peu de vocabulaire

Complétez les expressions avec les mots suivants.

l'oreille – un regard – mine de – en place

1. faire ....
2. tendre ....
3. tenir ....
4. lancer ....

Troisième épisode

Plongée dans ses pensées, Marcelle n'entend pas Philip qui s'est approché d'elle. Sentant soudain une présence dans son dos, elle se retourne et fixe l'homme à la peau tannée par le soleil. Sans doute le résultat d'interminables randonnées sur les plus hauts sommets du monde. Son air est grave et soucieux. Il garde constamment un œil sur la porte d'entrée de l'auberge. Il semble gêné. Nerveux. Un long silence s'installe. Finalement, Marcelle rompt la glace.

Une scène au restaurant

« Désolée Philip, je sais, vous vous retrouvez coincé ici. Mais ne vous inquiétez pas… Il faut juste attendre que les policiers prennent les coordonnées de tout le monde pour les interrogatoires, ensuite, chacun pourra sans doute faire ce qu'il veut.

– Marcelle, n'est-ce pas ? Vous vous appelez bien Marcelle ?

– Oui… c'est ça !

– Écoutez Marcelle, il y a une chose qui me tracasse. Il faut absolument que je vous en parle…

– Philip, vous me faites peur !

– N'ayez pas peur… il faut juste que vous sachiez : hier soir, je suis arrivé tard à l'auberge et je n'avais pas dîné. Je suis donc retourné au village pour manger quelque chose, au restaurant bar Chez Mireille. *Là-bas, j'ai vu Vincent. Il était assis seul à une table. Il avait l'air songeur. On ne se connaissait presque*

plongé,e dans ses pensées (f)
► in Gedanken versunken

tanné,e
► gebräunt

la randonnée
► die Wanderung

soucieux,se
► sorgenvoll

l'auberge (f)
► die Jugendherberge

se retrouver coincé,e
► feststecken

les coordonnées (f/pl)
► die Kontaktdaten

tracasser
► Kummer bereiten

songeur,euse
► nachdenklich

pas, on avait juste échangé quelques mots sur l'Himalaya quand je suis arrivé à La Tourmente, *mais j'ai voulu aller lui parler. Au moment où je m'apprêtais à rejoindre sa table, votre collègue est sortie en trombe des toilettes et est venue s'asseoir en face de lui.*

– Qui ça ? Erika ?

– Oui. *Elle semblait très énervée. Je suis donc resté à distance. J'ai essayé d'écouter, mais de là où j'étais, je ne pouvais pas entendre ce qu'elle disait. La musique était trop forte. Finalement, au bout d'un moment, elle s'est levée en pointant du doigt la porte de sortie du restaurant, et elle est sortie.*

– Et Vincent ? *Vous êtes allé lui parler finalement ?*

– Non *je n'ai pas eu le temps. Vincent a pris ses affaires et l'a suivie. Je ne savais pas quoi faire, mais comme j'étais inquiet, je leur ai emboîté le pas. Une fois dehors, je les ai entendus crier de plus belle en s'éloignant du restaurant. Ils prenaient le chemin de l'auberge. Voilà. C'est tout.*

– C'est bizarre... *Je sais qu'Erika connaissait bien Vincent, elle m'a dit tout à l'heure qu'il avait déjà séjourné ici à l'auberge. Mais rien de plus. Vous les avez revus après ?*

– *À mon retour à l'auberge, une heure plus tard, tout était calme. Je suis passé aux toilettes avant d'aller me coucher, mais n'ai rien remarqué de spécial.*

– *Merci Philip. Vous devriez en parler aux policiers. Quant à Erika, elle nous expliquera sans doute tout à l'heure ce qui s'est passé hier soir...* »

Révélations indiennes

Marcelle est en état de choc. Erika lui aurait-elle caché des choses sur sa relation avec Vincent ? Elle refait le tour des chambres tout en réfléchissant aux confidences de Philip. Elle préfère ne rien toucher

s'apprêter
▸ sich anschicken

rejoindre
▸ sich begeben zu

en trombe
▸ blitzschnell

pointer
▸ zeigen auf

emboîter le pas à qn
▸ jm hinterhergehen

de plus belle
▸ noch lauter

séjourner
▸ sich aufhalten

les confidences (f)
▸ die Vertraulichkeiten

avant l'arrivée des policiers. Soudain, Marcelle est prise d'un bref malaise. Cédant au besoin d'air, elle s'autorise une pause et sort. Enfin, le soleil, le ciel clair et les odeurs d'embruns. Elle reste là, les yeux fermés, face au vent, avant de réaliser qu'Anamika se tient derrière Marcelle et la regarde en se tordant les mains.

Elle aime bien cette grand-mère indienne, sa douceur, son anglais aléatoire, l'odeur des petits plats épicés qu'elle cuisine de temps en temps.

« *Miss, ça va bien ?*, demande-t-elle à Marcelle.

– *Oui oui, ne t'inquiète pas, Anamika. Je prenais l'air pour me donner du courage. Je ne sais pas quoi dire aux autres, en attendant les policiers...*

– *C'est dur, miss, mais dans quelques jours, ça ira mieux. Comme dit si bien le proverbe, à chaque jour suffit sa peine...* »

Anamika invite Marcelle à s'asseoir près d'elle, sur le banc près de la porte :

« *J'ai eu beaucoup de mal à m'endormir hier soir, tu sais... Et puis il y a quelque chose qui m'a paru bizarre... Je me suis levée cette nuit, c'était un peu après minuit je crois. Je voulais aller aux toilettes. Mais j'ai entendu deux hommes se disputer dans le couloir, près des sanitaires. Ils parlaient une langue que je ne connais pas. C'était peut-être de l'allemand... J'ai eu peur et j'ai préféré attendre avant d'aller aux toilettes. Ce matin, lorsque j'y suis allée, une des portes était fermée. J'ai trouvé ça louche. Ce détail est sans doute important. Ah, Marcelle, si tu savais... Je suis toute retournée. Avec tout ce que tu nous as annoncé ce matin... Cet homme au visage tuméfié... Dans les toilettes...* »

céder
– nachgeben

s'autoriser
– sich gönnen

l'embrun (m)
– die Gischt

se tordre les mains (f)
– die Hände ringen

se disputer
– sich streiten

louche
– verdächtig

retourné,e
– durcheinander

tuméfié,e
– angeschwollen

Exercice 29

Avez-vous bien compris ?

Lisez le texte puis associez les débuts et fins de phrases.

1. Marcelle attend la police en compagnie de...
2. Hier soir, Philip a vu...
3. Puis Erika est venue rejoindre Vincent...
4. Marcelle est sous le choc car elle ne savait pas qu'...
5. Puis Marcelle parle avec...
6. La grand-mère indienne affirme avoir entendu ...

A. Erika connaissait si bien Vincent.
B. Philip qui est nerveux.
C. Vincent, qui était assis seul à une table.
D. deux hommes se disputer, la veille, près des toilettes.
E. et le couple s'est disputé.
F. une grand-mère indienne.

1. ...... 2. ...... 3. ...... 4. ...... 5. ...... 6. ......

Exercice 30

Un peu de vocabulaire

Trouvez l'intrus dans les listes de mots suivantes.

1. tanné – montagne – soleil – nuage
2. grave – joyeux – soucieux – inquiet
3. normal – louche – bizarre – étrange
4. une confidence – une révélation – une dissimulation – un aveu
5. parler – crier – écouter – se disputer

Quatrième épisode

L'esprit confus, Marcelle raccompagne Anamika dans la salle commune et va s'asseoir dans le petit bureau qui fait office de réception. Elle met un peu d'ordre sur la table, range les piles de prospectus qui s'entassent dans tous les coins. Sur l'étagère, elle découvre un livre, un recueil de photographies intitulé *Silhouettes d'Antarctique*. Marcelle est stupéfaite en lisant le nom de l'auteur et la dédicace en première page : « *À l'attention de tous les voyageurs qui auront le bonheur de s'arrêter à La Tourmente. Chaleureusement, Vincent Bérot.* »

Preuve indéniable

Elle avait entendu dire que Vincent avait publié quelques livres. C'en était la preuve. Elle se met à feuilleter l'ouvrage : des manchots, des scientifiques, des cristaux de glace… Les clichés semblent indiquer que Vincent a suivi une équipe de chercheurs en Antarctique. Le regard de Marcelle s'arrête sur la photo d'un groupe à bord d'un bateau. Ces petites lunettes… Ce bonnet… C'est Philip ! Philip qui, tout à l'heure, disait ne presque pas connaître Vincent.

Marcelle referme le livre et commence à se poser mille questions.

l'esprit (m) confus
▸ verwirrt

faire office de
▸ fungieren als

ranger
▸ aufräumen, ordnen

la pile
▸ der Stoß

s'entasser
▸ sich türmen

l'étagère (f)
▸ das Regal

le recueil
▸ die Sammlung

intitulé,e
▸ überschrieben

stupéfait,e
▸ verblüfft

la dédicace
▸ die Widmung

feuilleter
▸ durchblättern

le manchot
▸ der Pinguin

le scientifique
▸ der Wissenschaftler

le cliché
▸ das Foto

le bonnet
▸ die Mütze

Est-ce le hasard qui les a remis sur le même chemin ici, dans l'archipel de Chausey ? Ou avaient-ils prévu de se voir ? Elle repense aux confidences de Philip. Erika et Vincent, se disputant au restaurant *Chez Mireille*... Aurait-il tout inventé ? Mais dans quel but ? Juste à ce moment-là, Philip fait irruption dans la pièce et interrompt ses réflexions. Il s'avance pour s'adresser à elle, puis s'arrête brusquement dans son élan. Son regard vient de se poser sur le recueil de photographies que Marcelle tient dans les mains.

« Marcelle, je... désolé, mais je dois m'absenter, vous avez mon numéro... »

Il se dirige à pas pressés vers la porte. Mais Marcelle le rattrape et le saisit par la manche.

« Arrêtez-vous, bon sang ! Personne ne doit quitter l'auberge. Nous avons la photocopie de votre passeport, ça ne sert à rien de filer. Qui est Vincent, pour vous ? Pourquoi avez-vous prétendu ne pas le connaître ?

– C'est compliqué, Marcelle, je... j'ai fait une erreur, voilà tout. Et maintenant, si vous voulez que tout se règle en douceur, laissez-moi partir. Vous n'aurez qu'à dire aux policiers que je vous ai agressée en fuyant. »

Mais Marcelle ne le lâche pas. Philip réalise que la fuite ne le mènera pas bien loin. Il se prend la tête entre les mains et se recroqueville sur lui-même.

prévoir
- planen

les confidences (f)
- die Vertraulichkeiten

dans quel but
- zu welchem Zweck

faire irruption
- hereinplatzen

s'adresser à qn
- jn ansprechen

à pas pressés
- eilig

bon sang
- um Himmels willen

filer
- sich davonmachen

en douceur
- reibungslos

agresser
- angreifen

fuir
- fliehen

lâcher
- loslassen

se recroqueviller sur soi-même
- sich zusammenkauern

Les aveux

« Oui, c'est vrai… J'ai fait la connaissance de Vincent il y a plusieurs années, lors d'un voyage en Antarctique. Il était vraiment doué, il avait beaucoup de succès avec ses photographies. Nous nous sommes revus à Genève, à Paris… Nous avions le projet de faire un livre ensemble, au Tibet cette fois-ci. Le projet avançait, j'avais déjà investi pas mal d'argent. Jusqu'au jour où j'ai reçu un mail de Vincent. Il m'écrivait que le projet ne se ferait pas. Faute d'éditeur, ou quelque chose comme ça. Ensuite, plus de nouvelles. Il ne répondait plus à mes coups de fil. Je n'avais pas son adresse postale. Alors quand j'ai vu sur sa page Facebook, il y a quelques mois, qu'il se rendait au Tibet pour le compte d'un grand éditeur, j'ai vu rouge. J'ai décidé de me confronter à lui. Je l'ai traqué. J'ai attendu patiemment le bon moment. Ce gros malin partageait tous ses faits et gestes sur les réseaux sociaux. Rien de plus facile pour moi de deviner qu'il était ici. J'ai essayé de lui parler. Mais il a tout nié en bloc, et il s'est même bien foutu de ma gueule. C'est là que tout a dérapé. Nous nous sommes battus dans les toilettes et je lui ai donné une sacrée raclée. En fait, je voulais juste lui flanquer la frousse…

– Et ce matin pourtant… Vous étiez là…

– Oui. Je n'ai pas réalisé… Je croyais qu'il s'en tirerait juste avec un œil au beurre noir. Et puis vous avez annoncé la nouvelle… Toute cette histoire avec Erika, je

doué,e
➥ begabt

se faire
➥ stattfinden

faute de
➥ mangels

l'éditeur (m)
➥ der Verleger

le coup de fil
➥ der Anruf

pour le compte de
➥ auf Rechnung von, im Auftrag von

traquer
➥ verfolgen

patiemment
➥ geduldig

le gros malin
➥ der Schlaumeier

les faits et gestes (m)
➥ das Treiben

deviner
➥ erraten

nier
➥ abstreiten

en bloc
➥ in Bausch und Bogen

se foutre de la gueule de qn
➥ jn veräppeln

déraper
➥ außer Kontrolle geraten

sacré,e
➥ fürchterlich

la raclée
➥ die Abreibung

flanquer la frousse à qn
➥ jm eine Heidenangst einjagen

s'en tirer
➥ davonkommen

l'œil (m) au beurre noir
➥ das Veilchen

l'ai imaginée. Il me fallait une couverture jusqu'à ce que la police ait recueilli mon témoignage. Ensuite j'aurais pu filer. Je me serais simplement volatilisé, sans laisser de traces.»

En regardant par la fenêtre du petit bureau, Marcelle aperçoit Erika qui s'approche de l'auberge. Elle est accompagnée d'une dizaine de policiers.

recueillir
▸ aufnehmen

le témoignage
▸ die Zeugenaussage

se volatiliser
▸ sich in Luft auflösen

la trace
▸ die Spur

Exercice 31

Avez-vous bien compris ?

Il y a trois erreurs dans ce résumé. Lesquelles ? Lisez puis corrigez.

Marcelle est rassurée par la confidence de la grand-mère autrichienne. Elle va s'asseoir dans le petit bureau qui sert de réception et y découvre un recueil de photos dédicacé par la victime. Marcelle ne savait pas que Vincent avait publié des livres mais elle est très surprise quand elle le découvre en compagnie de Philip sur une photo. Philip avait pourtant affirmé ne pas bien connaître Vincent. C'est à ce moment que Philip entre. Il veut partir. Marcelle le retient. Philip finit par tout avouer.

Erreur 1: ....

Erreur 2: ....

Erreur 3: ....

Exercice 32

Un peu de vocabulaire
Cherchez dans le texte les mots (ou expressions) familiers (familières) synonymes de :

1. partir : ....
2. l'idiot : ....
3. se moquer de quelqu'un : ....
4. faire peur à quelqu'un : ....
5. œil abîmé par un coup de poing : ....

Mai noir

Camille Larbey

Wir befinden uns in Paris, mitten im Monat Mai im Jahr 1968. Die Studenten ziehen durch die Straßen und rufen nach Veränderungen – und sie trotzen den Spezialeinsatzkräften der Polizei. Paul Brunet ist Inspektor bei der Mordkommission. Er ist vor Ort und achtet auf eventuelle Ausschreitungen. Sein Sohn Christophe gehört zu den demonstrierenden Studenten. Als er am Abend nach Hause kommt, erzählt er seinem Vater, dass sein bester Freund François verschwunden ist. Dieser wird einige Tage später tot im Garten des Observatoire aufgefunden, an Händen und Füßen gefesselt. Brunet führt die Ermittlungen.

Personnages principaux

Paul Brunet : inspecteur à la brigade criminelle
Hervé Rachon : commissaire et supérieur de Brunet
Christophe Brunet : fils de Paul, étudiant en sociologie à la Sorbonne
François Giraudeau : meilleur ami de Christophe, étudiant en anthropologie à la Sorbonne.
Jean-Claude Morat, dit « Titi » : chef du groupe d'extrême droite Occident
Gérard Wène : anthropologue et professeur de François Giraudeau à la Sorbonne

Premier épisode

Le soleil cognait sur le boulevard Saint-Michel à Paris. « *Ça va mal finir...* », soupira l'inspecteur Paul Brunet, adossé à une porte d'immeuble. D'un côté du boulevard, des étudiants criant « *Révolte !* » ou « *Faites l'amour, pas la guerre !* ». De l'autre côté, des CRS alignés et équipés. Matraque dans une main, bouclier au bras, ils étaient prêts à charger. L'inspecteur ne voulait pas être là. C'était son jour de congé et il avait prévu d'aller pêcher dans l'un des petits lacs du bois de Boulogne. Mais le sort en avait décidé autrement. Le malheur avait pris, ce matin, l'apparence d'une grosse voix rugueuse et désagréable. La voix du commissaire Hervé Rachon au téléphone :

« Brunet ? Ces merdeux d'étudiants ont mis le feu à la Sorbonne ! Ça chauffe dans le Quartier latin ! Je vous envoie là-bas en renfort.

– Mais, monsieur le commissaire, je ne travaille pas aujourd'hui.

– Je m'en fiche, je réquisitionne tout le monde.

– Monsieur le commissaire...

– Ne discutez pas ! Vous y allez maintenant ! »

cogner
- *hier*: scheinen

adossé,e à
- angelehnt an

les CRS (compagnie [f] républicaine de sécurité)
- Spezialeinsatzkräfte der frz. Polizei

aligné,e
- aneinandergereiht

la matraque
- der (Gummi) Knüppel

le bouclier
- der Schutzschild

charger
- angreifen

le jour de congé
- der Urlaubstag

le sort
- das Schicksal

l'apparence (f)
- *hier*: die Gestalt

gros,e
- kräftig; auch: dick

rugueux,se
- rau

merdeux,se (fam.)
- beschissen

ça chauffe
- das gibt Ärger

le renfort
- die Verstärkung

qn se fiche de qc
- pfeifen auf

réquisitionner
- heranziehen

Il est interdit d'interdire

Brunet raccrocha et maudit son supérieur. Le commissaire était un mauvais homme, un mauvais policier et, surtout, un mauvais chef. Mais c'était le chef... À contrecœur, l'inspecteur s'habilla et sortit. Depuis quelques jours, Paris était plongé dans une drôle d'ambiance: un étrange mélange de joie et d'inquiétude. Il y avait moins de voitures que d'habitude. Les piétons marchaient plus lentement. Chacun se demandait ce qui allait se passer, en ce joli début de mai 1968.

Brunet commençait à avoir chaud dans son gros imperméable. Il était inquiet. Son fils Christophe se trouvait parmi tous ces étudiants en colère. Christophe avait 21 ans. Il était étudiant en sociologie à la Sorbonne et n'avait jamais caché à ses parents ses engagements politiques. Bien que son père ne comprenait pas toujours les idées du jeune homme, il les respectait. « *Il est interdit d'interdire !* », disait souvent Christophe. « *Mais je ne t'interdis rien, fiston* », lui répondait son père goguenard. Et lorsque Christophe s'emportait avec passion, criant qu'il allait faire la révolution et descendre dans la rue, sa mère lui répondait: « *Comme tu veux mon chéri. En attendant, va jeter la poubelle s'il te plaît !* »

Aujourd'hui, Paul Brunet avait peur pour son fils. Peur qu'il reçoive des coups de matraque, ou qu'il se fasse arrêter. La chaleur augmenta de quelques degrés sur le boulevard Saint-Michel. Les CRS suaient à grosses gouttes sous leur casque et dans leur gros manteau en cuir. Les étudiants, eux, semblaient être à la fête.

maudire
- verwünschen

à contrecœur
- widerstrebend

plongé,e
- getaucht

le fiston
- der Sohnemann

goguenard,e
- spöttisch

jeter la poubelle
- den Müll wegbringen

se faire arrêter
- verhaftet werden

suer à grosses gouttes (f)
- stark schwitzen

Un long coup de sifflet s'éleva des rangs des CRS. Les hommes en noir se mirent à courir, la matraque levée. Ils rentrèrent dans les groupes d'étudiants, tapant dans tous les sens. Brunet s'approcha de cette gigantesque bagarre pour vérifier que Christophe n'était pas parmi les étudiants. Mais pas de fiston à l'horizon. Certains tentèrent de s'échapper en courant. Les plus courageux – ou inconscients – se battaient avec leurs pancartes. Les cris et les « *bang* » des grenades lacrymogènes résonnaient dans le boulevard. L'inspecteur fut pris d'un sentiment de dégoût. Il n'avait pas le courage d'arrêter ces jeunes qui avaient l'âge de son fils. Il tourna les talons et rentra chez lui retrouver ses cannes à pêche. Au diable le commissaire Rachon !

Plus de nouvelles

Le soir, durant le dîner, Paul et sa femme affichaient une mine soucieuse : la chaise de Christophe était vide.

« *Tu devrais passer quelques coups de téléphone à tes collègues, peut-être qu'il a été arrêté*, dit sa femme, anxieuse.

– *Oui, tu as raison...* »

Au moment où il se leva de sa chaise, Christophe entra paniqué dans l'appartement.

« *Papa ! Il faut que tu m'aides, François a disparu !* »

François Giraudeau était le meilleur ami de Christophe. Calme et souriant, le pauvre garçon n'avait pas de famille, alors il venait régulièrement manger chez les Brunet. Christophe mit plusieurs minutes pour reprendre ses esprits et s'expliquer : il n'avait plus de

le coup de sifflet
▸ der Pfiff

s'élever de
▸ aufsteigen aus

la bagarre
▸ die Schlägerei

la pancarte
▸ das Schild

la grenade lacrymogène
▸ die Tränengasgranate

la canne à pêche
▸ die Angelrute

reprendre ses esprits
▸ wieder zu sich kommen

nouvelles de son ami depuis quinze jours. Il l'a cherché dans tout Paris. Aucune trace de François...

Pendant que sa femme tentait d'apaiser leur fils, Paul appela les commissariats de chaque arrondissement de Paris. Aucun étudiant du nom de François Giraudeau n'avait été arrêté aujourd'hui. Il appela ensuite les hôpitaux. Sans succès. Il contacta enfin les morgues, au cas où... Rien, heureusement. François avait peut-être bel et bien disparu, pensa l'inspecteur. Il allait donc mener l'enquête.

apaiser ▸ beruhigen | **la morgue** ▸ die Leichenhalle | **bel et bien** ▸ tatsächlich | **mener l'enquête** ▸ ermitteln

Exercice 33

Avez-vous bien compris ?

Vrai (v) ou faux (f) ? Lisez puis cochez.

	v	f
1. Le polar se passe sur la Côte d'Azur en mai 68.	❑	❑
2. À cette époque une partie de la société se révolte contre l'autorité politique.	❑	❑
3. Un matin, le commissaire Rachon ordonne à l'inspecteur Paul Brunet de se rendre sur les lieux de la manifestation.	❑	❑
4. Paul Brunet n'est pas content car il a mal dormi.	❑	❑
5. Paul Brunet assiste à une grande bagarre entre étudiants et CRS.	❑	❑
6. Paul Brunet s'inquiète pour son fils.	❑	❑
7. Sa femme est détendue, elle n'a pas peur.	❑	❑
8. Finalement ce n'est pas leur fils mais sa petite amie qui a disparu.	❑	❑

Exercice 34

Un peu de vocabulaire

Qu'est-ce qu'on apprend sur les personnages ? Lisez le texte et complétez.

	Hervé Rachon
profession	....
caractère	....
Il aime... / Il n'aime pas...	....
	....

	Paul Brunet
profession	....
caractère	....
Il aime... / Il n'aime pas...	....
	....

	Christophe Brunet
profession	....
caractère	....
Il aime... / Il n'aime pas...	....
	....

	François Giraudeau
profession	....
caractère	....
Il aime... / Il n'aime pas...	....
	....

Deuxième épisode

Tout le commissariat était mobilisé afin de calmer l'agitation étudiante. L'inspecteur Paul Brunet profita du chaos qui régnait dans les services de police pour mener son enquête, à l'abri de l'horrible commissaire Rachon. Il commença par fouiner du côté des engagements politiques de François. Le jeune homme, étudiant en anthropologie, était aussi responsable d'une association d'extrême gauche : *Le Cœur rouge*.

Menaces de mort

L'inspecteur passa la journée à interroger les camarades politiques de François. L'un d'eux révéla quelque chose d'intrigant : il y a trois semaines, alors que François était en train de coller des affiches pour protester contre la guerre du Viêt Nam, des gars d'*Occident* lui étaient tombés dessus et avaient voulu lui faire la peau.

« Occident ? *Qu'est-ce que c'est* ?, demanda l'inspecteur au jeune militant.

– *C'est un groupe d'extrême droite. Ce sont des fachos. Chaque fois qu'on se rencontre, ça finit toujours en bagarre. Mais la dernière fois, ils ont menacé de le buter. Ce n'est pourtant pas dans leurs habitudes...*

– *Comment s'appelle leur chef ?*

– *Jean-Claude Morat. Tout le monde le surnomme* "Titi". »

L'inspecteur Brunet décida de suivre la piste « Titi ». Naturellement,

mener une enquête
- ermitteln

à l'abri de
- sicher vor

fouiner
- seine Nase stecken in

le gars
- der Kerl, der Ganove

tomber dessus
- jm ans Leder wollen

faire la peau à qn
- jn kaltmachen

le facho
- der Faschist

la bagarre
- die Schlägerei

buter (fam.)
- umlegen

ce Jean-Claude Morat était fiché par la police pour divers faits de violence. Un nom de bar, connu pour être le quartier général d'*Occident*, figurait dans le dossier. L'inspecteur se rendit à l'adresse, située dans une ruelle perpendiculaire à la rue Mouffetard. Il s'acheta un sandwich et passa la soirée en planque. Tard dans la nuit, « Titi » sortit du bar, resta sur le seuil pour saluer quelques personnes encore à l'intérieur, puis partit à pied en direction du Panthéon. Brunet le suivit. Dans une ruelle sombre, il attrapa le jeune homme par le collet et le plaqua au sol.

« *François Giraudeau*, Le Cœur rouge, *qu'est-ce que tu sais à propos de sa disparition ?* »

Le jeune homme, aussi choqué que surpris, gardait le silence.

« *Réponds !*, lui ordonna l'inspecteur.

– *Il a disparu ? J'y suis pour rien... On l'a pas fait !*

– *Qu'est-ce que vous n'avez pas fait ?*

– *Le tuer. On voulait pas !*

– *Tu devais le tuer ? Pourquoi ?*

– *Il y a un mois, deux types sont venus au bar. Avec un manteau en cuir noir. L'air méchant. Ils nous ont proposé beaucoup de pognon si on "s'occupait" de François Giraudeau. On l'aime pas, ok, mais on n'est pas des tueurs. J'ai pas envie de passer le reste de ma vie en prison !* »

L'inspecteur relâcha le gaillard qui s'enfuit. Brunet rentra chez lui avec l'impression d'avancer dans le brouillard. Qui en voulait à François ? Pourquoi demander à une bande de jeunes fachos de le tuer ? Il s'endormit en retournant ces questions dans sa tête.

être fiché,e par la police
► bei der Polizei aktenkundig sein

le fait de violence
► die Gewalttat

perpendiculaire
► Quer-

la planque
► das Versteck

le seuil
► die Schwelle

le collet
► *hier:* der Kragen

plaquer
► schmeißen

j'y suis pour rien
► ich habe nichts damit zut un

le pognon (fam.)
► die Knete

relâcher
► wieder laufen lassen

le gaillard
► der Kerl

le brouillard
► der Nebel

en vouloir à qn
► es auf jn abgesehen haben

Des marques suspectes

Au petit matin, le téléphone sonna. À l'autre bout du fil, un collègue du commissariat du 14e arrondissement...

« *Brunet ? J'ai une mauvaise nouvelle pour toi. On a retrouvé ce matin le cadavre d'un jeune homme derrière un buisson du jardin de l'Observatoire. Ses papiers sont au nom de François Giraudeau. J'ai appris que tu étais à sa recherche, je voulais te prévenir...* »

Pendant quelques secondes, l'inspecteur ne réussit pas à parler.

« *Allo ? Brunet, tu es toujours là ?*

– Excuse-moi, je suis sous le choc... Tu sais de quoi il est mort ?

– Oui. Overdose. On a retrouvé à côté de lui une seringue et quelques doses d'héroïne. Désolé, vieux.

– Bien. Merci, je t'en dois une. »

Brunet raccrocha. Il alla trouver son fils dans sa chambre et lui apprit la terrible nouvelle. Christophe secoua la tête :

« *Non... Non, ce n'est pas possible...*

– Je comprends, c'est dur à accepter.

– Non, je veux dire que François ne se droguait pas.

– Tu es sûr ?

– Il ne buvait pas, il ne fumait pas. Je l'ai toujours entendu prononcer des discours contre la drogue. Pourquoi il se serait mis soudainement à l'héroïne ? »

Après un petit-déjeuner avalé à la hâte, l'inspecteur Brunet se rendit à la morgue où était entreposé le corps de François.

« *C'est étrange,* déclara le médecin légiste. *Ce jeune homme ne présente pas les caractéristiques du drogué. Ses bras sont intacts et le corps semble en*

à l'autre bout du fil
▸ am anderen Ende der Leitung

prévenir
▸ verständigen

la seringue
▸ die Spritze

en devoir une à qn
▸ jm etw. schuldig sein

se droguer
▸ Drogen nehmen

prononcer un discours contre
▸ schimpfen auf

avalé,e
▸ verschlungen

la morgue
▸ die Leichenhalle

le médecin légiste
▸ der Gerichtsmediziner

parfaite santé. À mon avis, c'était la première fois qu'il prenait de la drogue. Et j'ai remarqué quelque chose d'encore plus bizarre...

– *Ah oui ? Quoi ?*

– *Ses poignets et ses chevilles ont des marques de frottement, comme s'il avait été attaché !* »

Décidément, pensa l'inspecteur, la mort de François était de plus en plus suspecte.

le poignet
– das Handgelenk

la cheville
– der Fußknöchel

le frottement
– das Scheuern

attacher
– festbinden

Exercice 35

Avez-vous bien compris ?

Que se passe-t-il dans cet épisode ? Lisez les phrases suivantes et remettez-les dans l'ordre chronologique.

A. Pendant ce temps l'inspecteur Paul Brunet en profite pour mener l'enquête sur la disparition de François.
B. Un matin, un policier appelle Paul Brunet : on vient de retrouver le cadavre de François.
C. Il commence par interroger les camarades politiques de François.
D. Mais Claude Morat n'a apparemment rien à voir dans la mort de François.
E. Ces derniers lui révèlent qu'un groupe politique ennemi, mené par Claude Morat, avait menacé François de le tuer.
F. La police essaie de calmer l'agitation étudiante.
G. Son corps porte la trace d'une piqûre de seringue au bras et des marques de frottements aux poignets et aux chevilles.
H. Paul Brunet interroge donc leur chef, Claude Morat.

1. ...... 2. ...... 3. ...... 4. ...... 5. ...... 6. ..... 7. ...... 8. .....

Exercice 36

Un peu de vocabulaire

Comment le dire en langue familière ? Cherchez dans le texte les mots ou expressions synonymes de :

1. chercher : ....
2. le jeune homme : ....
3. tuer : ....
4. la cachette : ....
5. l'argent : ....

Troisième épisode

L'inspecteur Paul Brunet se rendit à la Sorbonne en civil, accompagné de son fils Christophe. Le Quartier latin étant devenu une véritable poudrière, il ne voulait pas être l'étincelle qui allumerait la mèche. Il avait troqué son imperméable beige de flic contre une veste en jean et un vieux béret qui le faisait presque passer pour un ouvrier sortant de l'usine. Père et fils se faufilèrent parmi les étudiants dans les couloirs de la Sorbonne. L'ambiance était électrique. En passant devant l'amphithéâtre Richelieu, plein à craquer, Brunet s'arrêta quelques secondes pour écouter un jeune homme avec des taches de rousseur galvaniser les étudiants. « *C'est Daniel Cohn-Bendit, il mène la révolte étudiante* », murmura Christophe.

L'inspecteur avait rendez-vous avec Gérard Wène, anthropologue et professeur de François Giraudeau. Malgré l'occupation de la faculté, le professeur continuait d'y travailler. Une fois la porte de son bureau refermée, le bruit du brouhaha s'atténua.

Des messieurs peu sympathiques

« *J'aurais quelques questions à vous poser concernant François Giraudeau*, dit Brunet au professeur.

– *Encore ? Décidément, tout le monde veut me poser des questions sur cet étudiant !* »

la poudrière
➤ das Pulverfass

l'étincelle (f)
➤ der Funke

la mèche
➤ der Docht, die Lunte

troquer
➤ tauschen

l'imperméable (m)
➤ der Regenmantel

faire passer pour
➤ *hier*: aussehen lassen wie

se faufiler parmi
➤ sich schlängeln durch

plein,e à craquer
➤ zum Bersten voll

la tache de rousseur
➤ die Sommersprosse

galvaniser
➤ begeistern

l'occupation (f)
➤ die Besetzung

le brouhaha
➤ das Stimmengewirr

s'atténuer
➤ schwächer werden

L'inspecteur ne cacha pas son étonnement. L'anthropologue expliqua que deux hommes étaient venus récemment l'interroger à propos de François.

« *Que vous ont-ils demandé ?*

– *Sur quoi il travaillait actuellement, s'il m'avait remis des travaux en particulier, si j'avais discuté avec lui et de quoi...*

– *Qu'avez-vous répondu ?*

– *Rien. Ces messieurs ne m'étaient pas sympathiques. Lorsque j'ai demandé qui ils étaient, ils m'ont dit "des amis de François". Je n'en ai pas cru un mot... Mais pourquoi toutes ces questions sur ce jeune homme ?* »

Brunet révéla le décès de François Giraudeau et l'enquête sur les conditions mystérieuses de sa mort. Le vieil anthropologue accusa le coup. Puis, il se confia à l'inspecteur : François Giraudeau était un étudiant brillant, spécialisé dans les cultures océaniques. Il y a deux mois, il était revenu d'une mission de plusieurs semaines dans les îles de la Polynésie française. Là-bas, il avait mené des recherches sur des tribus anciennes vivant à l'écart sur des atolls. À son retour, François lui avait remis un journal de bord, comme il est d'usage. Le professeur n'avait pas encore eu le temps de le lire, mais il le gardait soigneusement rangé dans son bureau. L'anthropologue ouvrit un tiroir et se mit à fouiller.

« *Tiens, c'est étrange...*

– *Qui y a-t-il ?*, demanda Brunet.

– *Je ne retrouve plus le carnet ! Je suis pourtant sûr de l'avoir mis là. Et si... Et si cela avait un rapport avec l'effraction ?*

– *L'effraction ? Quelle effraction ?*

l'étonnement (m)
➥ das Erstaunen

révéler
➥ *hier*: erzählen von

le décès
➥ der Tod

l'enquête (f)
➥ die Untersuchung

accuser le coup
➥ *hier*: betroffen sein

la tribu
➥ der Stamm

à l'écart
➥ abseits

le journal de bord
➥ das Logbuch

soigneusement
➥ sorgfältig

rangé,e
➥ *hier*: verräumt

fouiller
➥ suchen, wühlen

l'effraction (f)
➥ der Einbruch

– Oui, il y a quelques jours... En arrivant un matin, j'ai vu un homme sortir de mon bureau pourtant fermé à clé. Il s'est enfui et je n'ai pas pu le rattraper... Je n'ai plus l'âge de courir, voyez-vous.

– Comment était cet homme ?

– Grand, la peau foncée.

– C'était un étudiant ?

– Je ne crois pas. Il avait le visage tatoué, comme les peuples des tribus d'Océanie...»

Une surprise sur le bureau

Découragé, l'inspecteur rentra au commissariat. Son fils était parti peindre des banderoles pour la grande manifestation du lendemain. Sur le chemin, des groupes d'étudiants appelaient à la grève générale. À un coin de rue, quelques-uns étaient en train d'enlever des pavés à l'aide d'une pioche, puis de les mettre dans des sacs. Brunet eut une boule au ventre. « *La manifestation va très certainement dégénérer* », se dit-il. Il pria en silence pour que rien n'arrive à son fils.

À peine était-il arrivé au commissariat, le chef l'attrapa et lui passa un savon :

« *Qui vous a permis de mener cette enquête ? Si on était à l'armée, je vous ferais fusiller, moi !* »

Le commissaire Rachon aimait rappeler à tous qu'il avait été militaire. Il avait fait la guerre d'Algérie et en tirait une grande fierté.

fermé,e à clé
- abgeschlossen

s'enfuir
- *hier*: davonlaufen

rattraper
- einholen

foncé,e
- dunkel

tatoué,e
- tätowiert

découragé,e
- entmutigt

peindre
- malen

la grève
- der Streik

enlever
- entfernen

le pavé
- der Pflasterstein

la pioche
- die Hacke

la boule au ventre
- ein flaues Gefühl im Magen haben

dégénérer
- eskalieren

passer un savon
- anschnauzen

fusiller
- erschießen

tirer une grande fierté de qc
- sehr stolz auf etw. sein

De cette période, il avait conservé deux choses : une médaille et un profond racisme. L'inspecteur Brunet laissa passer l'orage, tout en se demandant comment une personne aussi abjecte avait pu devenir commissaire de police. Une fois dans le couloir, un collègue l'interpella :

« Brunet ! Un homme est venu il y a deux heures déposer quelque chose pour vous. Je l'ai mis sur votre bureau... C'est marrant, ce type avait plein de tatouages sur la figure ! »

l'orage (m)
➨ das Donnerwetter

abject,e
➨ (hunds)gemein, niederträchtig

interpeller
➨ ansprechen

marrant,e
➨ komisch

la figure
➨ das Gesicht

Exercice 37

Un peu de vocabulaire

Associez les débuts et fins d'expressions :

1. plein	A. au ventre
2. la tache	B. à clef
3. accuser	C. un savon
4. fermé	D. à craquer
5. la boule	E. de rousseur
6. passer	F. le coup

1. ...... 2. ...... 3. ...... 4. ...... 5. ...... 6. ......

Exercice 38

Avez-vous bien compris ?

Lisez l'épisode 3 et complétez le résumé avec les mots suivants :

interroge – mène – continue à – en pleine effervescence – a été volé – déposé – se rendent – avait fait

L'inspecteur Paul Brunet et son fils (1) .... à la Sorbonne. L'université est toujours (2) .... Daniel Cohn-Bendit y (3) .... la révolte étudiante. Pourtant Gérard Wène, anthropologue et professeur de François (4) .... travailler. L'inspecteur (5) l'.................................... . Paul Brunet apprend ainsi que François (6) .... des recherches sur des tribus anciennes vivant en Polynésie française. François avait consigné les résultats de ses recherches dans un carnet qu'il avait remis au professeur. Mais ce carnet (7) .... par un homme grand, la peau foncée et au visage tatoué. Cet homme semble avoir (8) .... le carnet au commissariat.

Quatrième épisode

Lorsque l'inspecteur Paul Brunet entra dans son bureau, il vit sur la table un cahier vert avec une étiquette : « *François Giraudeau, Journal de bord* ». Il commença la lecture du carnet. Ce qu'il y découvrit le stupéfia.

Explosion suspecte

Au cours de sa mission en Polynésie française, François s'était baladé sur des petites îles et atolls aux noms exotiques : Maumu, Tuherahera, Tiputa, Rotoava. Là-bas, à l'aide d'un interprète, il avait pu discuter avec de nombreux Polynésiens et en apprendre plus sur leurs traditions et coutumes. Durant cette période, plusieurs chefs de tribu racontèrent des choses étranges : les « *vilains Popa'a* » faisaient « *briller le ciel* ». François ne comprenait pas. « *Popa'a* » était le surnom que les Polynésiens donnaient aux Blancs venus de la métropole. François savait que les Polynésiens n'aimaient pas les militaires. Il devina alors que les « *vilains* » devaient être les militaires de l'armée française. Mais que signifiait faire « *briller le ciel* » ? L'étudiant fit une autre découverte bizarre. Toutes les familles de Moruroa avaient été chassées de leurs îles par l'armée française. Sans explication. Et les habitants qui résistaient étaient abattus ! Que se passait-il donc ?

La réponse survint au bout de quelques jours, la veille de son retour en France. Tandis que François était sur un atoll près de

le journal de bord
- das Logbuch; *hier*: das Tagebuch

stupéfier
- verblüffen

l'interprète (m)
- der Dolmetscher

la tribu
- der Stamm

le vilain
- *hier*: der Bösewicht

briller
- scheinen, leuchten

la métropole
- das Mutterland

deviner
- vermuten

abattre
- ermorden

la veille
- der Vortag

Rotoava en train d'enregistrer des chants d'enfants, le ciel bleu fut parcouru d'un gigantesque flash. Puis, deux secondes après, un «*boum*» sourd et lent se fit entendre. Le jeune étudiant comprit immédiatement. Dans le plus grand secret, les militaires français effectuaient des essais nucléaires dans ces îles. Voilà pourquoi les tribus étaient expulsées brutalement par l'armée. François se fit une promesse : revenir et réunir suffisamment de preuves pour dénoncer cela.

Brunet referma le journal de bord. Voilà ce qui avait tué le pauvre François Giraudeau. Il s'était attaqué à plus fort que lui. Et cet homme au visage tatoué ? Certainement un Polynésien qui voulait protéger le carnet. L'inspecteur réfléchit. S'il avertissait le commissaire Rachon, celui-ci ne ferait rien, il en était sûr.

«*Je sais !* s'exclama Brunet, *je vais aller voir Plantier, mon vieux camarade de classe... Maintenant, il est journaliste au* Nouvel Observateur. *Il saura faire éclater le scandale !*»

Les hommes en noir

Au moment où l'inspecteur se leva, le commissaire entra dans son bureau. Il était encadré par deux hommes à la mine antipathique. Ils portaient tous les deux un imperméable en cuir noir. Rachon affichait un sourire mauvais :

en train de – dabei

enregistrer – aufzeichnen

parcourir – *hier*: durchziehen

le flash – der Blitz

sourd,e – dumpf

dans le plus grand secret – in aller Heimlichkeit

expulser – vertreiben

se faire une promesse – sich etw. versprechen

dénoncer – aufdecken

s'attaquer à – sich anlegen mit

avertir – unterrichten

faire éclater le scandale – es zum Skandal kommen lassen

encadrer – einrahmen

l'imperméable (m) – der Regenmantel

afficher – zeigen

mauvais,e – *hier*: falsch

« Brunet, c'est plus fort que vous, hein ? Vous ne pouvez pas vous empêcher de fouiner là où il ne faut pas.

– Qui sont ces hommes ? », demanda l'inspecteur. L'un d'eux s'approcha pour ramasser le cahier vert. L'inspecteur voulut l'en empêcher, mais l'autre homme s'interposa. Le commissaire ricana :

« Ces messieurs sont des services secrets. Ils viennent d'arriver à l'instant et ont pour ordre de récupérer votre petit livre vert. »

Celui qui avait ramassé le carnet le feuilleta, d'un air satisfait. Il se retourna et dit à son complice :

« Tu vois, j'étais sûr qu'il avait laissé des traces écrites. Si on n'avait pas été doublés par quelqu'un, on aurait déjà mis la main dessus. »

Brunet s'emporta. Rouge de colère, il menaça de tout révéler à la presse. L'un des types en noir fixa Brunet :

« Au fait, vous avez un fils parmi les étudiants... Vous ne voudriez pas qu'un malheur s'abatte sur lui, pas vrai ? Les temps sont agités. Un mauvais coup de matraque est si vite arrivé... Je vous conseille donc d'oublier toute cette histoire.

– Ou alors il pourrait être victime d'une overdose accidentelle, enchaîna l'autre en souriant. *Paraît que c'est fréquent en ce moment... »*

C'en était trop. Brunet voulut lui sauter à la gorge. Mais le commissaire l'en empêcha et lui ordonna de se calmer immédiatement ou il veillerait personnellement à ce qu'il finisse agent de la circulation pour le restant de sa carrière. Sur ces dernières paroles, Rachon et les deux hommes sortirent en rigolant.

ne pas pouvoir s'empêcher
- es nicht lassen können

fouiner
- herumschnüffeln

s'interposer
- eingreifen

ricaner
- höhnisch lachen

à l'instant
- eben

récupérer
- zurückholen

feuilleter
- durchblättern

la trace
- die Spur

doubler
- hintergehen

s'emporter
- zornig werden

au fait
- übrigens

s'abattre sur
- zustoßen

la matraque
- der Schlagstock

accidentel,le
- versehentlich

enchaîner
- fortfahren

la gorge
- die Kehle

veiller à
- zusehen, dass

l'agent (m) de la circulation
- der Verkehrspolizist

Brunet, dépité, s'écroula sur sa chaise. Comment allait-il expliquer à son fils ce qui venait de se passer ? La mort du pauvre François Giraudeau n'aura-t-elle donc servi à rien ? Pris de vertiges, le policier se leva et ouvrit la fenêtre de son bureau. Dehors, un groupe de jeunes passait dans la rue en criant :

« *Changement ! Changement ! Changement !* »

Certaines choses ne changeront jamais, pensa l'inspecteur.

dépité,e ▸ bitter enttäuscht

s'écrouler ▸ zusammenbrechen

le vertige ▸ der Schwindel

Exercice 39

Avez-vous bien compris ?

Complétez les débuts de phrases suivants, et vous aurez écrit votre propre résumé.

1. Paul Brunet découvre dans le carnet de bord de François que les familles de Moruroa ....
2. L'inspecteur lit également que l'armée française ....
3. François voulait ....
4. L'inspecteur est prêt à aller voir un ancien camarade de classe pour ....
5. Mais dans le bureau de son chef,.. .
6. Ces hommes des services secrets sont venus ....
7. Ils ordonnent à Paul Brunet de ....
8. Sinon, son fils ....

Exercice 40

Un peu de vocabulaire

Cherchez dans le texte les mots correspondant aux définitions suivantes :

1. quand on se cache pour faire quelque chose :

   ....

2. chasser quelqu'un d'un endroit :

   ....

3. révéler un fait qui n'est pas moral :

   ....

4. ne pas pouvoir se retenir de faire quelque chose :

   ....

5. quelque chose qui arrive sans avoir été voulu ou prévu :

   ....

Solutions

Exercice 1 : **1.** l'écrivain
2. le critique
3. le metteur en scène
4. le comédien
5. le spectateur.

Exercice 2 : **1.** vrai
2. faux : le metteur en scène n'a pas choisi de bons acteurs pour les rôles principaux.
3. faux : les critiques n'aiment pas le jeu de Julien Castaldi.
4. vrai
5. vrai
6. vrai ;
7. faux : la majorité des comédiens n'aime pas Antoine Maubrac.
8. faux : Julien Castaldi a été assassiné dans la rue.

Exercice 3 : **1.** vipère
2. crabe
3. renard
4. lions
5. poulain
6. singe.

Exercice 4 : **1**-B ; **2**-A ; **3**-B ; **4**-A

Exercice 5 : **1.** la haine
2. l'ennemi
3. innocent
4. méchant
5. mentir.

Exercice 6 : **1.** inspecteur
2. enquête
3. coupable
4. victime

5. innocent
6. interrogent
7. posent
8. secret.

Exercice 7 : **1**-C ; **2**-F ; **3**-A ; **4**-E ; **5**-B ; **6**-D

Exercice 8 :
1. la reconnaissance
2. péricliter
3. repousser
4. dévoiler
5. dynamique.

Exercice 9 : **Stéphane :** âge : 18 ans ; physique : cheveux en bataille ; caractère : timide, solitaire, dans la lune.
Jérémie : âge : 25 ans ; physique : petit, crâne rasé ; caractère : fanfaron, dragueur, aime faire la fête.
points communs : ils ont perdu leur père, ils allaient ensemble à la chasse avec lui.

Exercice 10 : **mauvaises réponses :** Alpes ; Stéphane ; blessé ; accuse

Exercice 11 : Les deux frères ont tué son (~~mouton~~) **chien** ; (~~Stéphane~~) **Jérémie** a peur ; le berger appelle du renfort en soufflant dans sa (~~cornemuse~~) **corne de brume**.

Exercice 12 :
1. bienfait
2. rester
3. gibier
4. les jumelles
5. accélérer.

Exercice 13 : Les phrases **2.**, **3.**, **5.** et **7.** sont fausses :
2. Ils mangent des barres de céréales.
3. Stéphane rêve qu'il est blessé au ventre.
5. Les bergers sont sur leurs traces mais ne les rattrapent pas.
7. Stéphane se cache dans un trou couvert de branches.

Exercice 14 : **1.** l'obscurité
2. un cauchemar
3. un mal de ventre
4. sprinter
5. être transi de froid.

Exercice 15 : **1**-B ; **2**-D ; **3**-F ; **4**-H ; **5**-A ; **6**-E ; **7**-C ; **8**-G

Exercice 16 : **1**-B ; **2**-D ; **3**-A ; **4**-C

Exercice 17 : **1.** vrai
2. faux : ils ne peuvent pas s'arrêter, le courant est trop fort.
3. faux : ils jettent un sac sur la plage.
4. vrai
5. faux : c'est la vieille dame.
6. vrai
7. vrai
8. vrai.

Exercice 18 : **1.** la roche
2. scintiller
3. le gardien
4. marcher.

Exercice 19 : **1.** le pognon
2. l'acolyte
3. le frimeur
4. le portable
5. la bavure.

Exercice 20 : **1**-A; **2**-B; **3**-A; **4**-B; **5**-B

Exercice 21 : **1.** la femme de ménage
2. le propriétaire
3. le jardinier
4. la vacancière
5. le coéquipier.

Exercice 22 : **1.** Madame Ferrière est morte noyée.
2. Entre minuit et une heure du matin.
3. Non, elle prenait des somnifères.
4. Il aurait abîmé des fleurs devant chez elle.
5. Non car il n'a pas hérité de sa villa mais l'a fait construire en espérant la revendre plus cher après.

Exercice 23 : **1.** se faire remarquer (*bemerkt werden*)
2. être dans de beaux draps (*in der Klemme sitzen*)
3. hausser le ton (*wütend werden*)
4. être mêlé à (*verwickelt sein in*)
5. tourner les talons (*Fersengeld geben*).

Exercice 24 : **1**-C ; **2**-D ; **3**-A ; **4**-F ; **5**-B ; **6**-E

Exercice 25 : Les affirmations fausses sont : **2.**, **3.**, **5.** et **8** :
2. On est au mois de novembre, la mer est agitée.
3. Marcelle est employée à l'auberge, elle ne fait pas que le ménage.
5. C'est un homme.
8. Marcelle a peur de céder à la panique.

Exercice 26 : **1.** la marée basse
2. l'hôte
3. intrigué
4. s'immobiliser
5. le dortoir.

Exercice 27 : **1**-B ; **2**-B ; **3**-A ; **4**-B

Exercice 28 : **1.** faire mine de (*Anstalt machen*)
2. tendre l'oreille (*die Ohren spitzen*)
3. tenir en place (*still sitzen*)
4. lancer un regard (*anblicken*).

Exercice 29 : **1**-B ; **2**-C ; **3**-E ; **4**-A ; **5**-F ; **6**-D

Exercice 30 : **1.** tanné
2. joyeux
3. normal

4. une dissimulation
5. écouter.

Exercice 31 : Marcelle est (~~rassurée~~) **troublée** par la confidence de la grand-mère (~~autrichienne~~) **indienne** ; Marcelle (~~ne~~) **savait** (~~pas~~) que Vincent avait publié des livres.

Exercice 32 :
1. filer (*sich davonmachen*)
2. le gros malin (*der Schlaumeier*)
3. se foutre de la gueule de quelqu'un (*jemanden veräppeln*)
4. flanquer la frousse à quelqu'un (*jemandem eine Heidenangst einjagen*)
5. l'œil au beurre noir (*das Veilchen*).

Exercice 33 :
1. faux : à Paris.
2. vrai
3. vrai
4. faux : il n'est pas content car c'est son jour de congé.
5. vrai
6. vrai
7. faux : sa femme est soucieuse.
8. faux : c'est le meilleur ami de son fils qui a disparu.

Exercice 34 : **Hervé Rachon :** commissaire, autoritaire, mauvais chef, désagréable et égoïste; il n'aime pas qu'on discute ses ordres.

Paul Brunet : inspecteur, conciliant (obéit à son chef dans un premier temps mais n'arrête aucun jeune), accueillant, ouvert (il respecte les idées de son fils), courageux ; il aime la pêche, il n'aime pas être dérangé pendant son jour de congé.

Christophe Brunet : étudiant à la Sorbonne, passionné et protecteur (avec son ami) ; il n'aime pas l'autorité et les interdictions.

François Giraudeau : étudiant à la Sorbonne, calme et

souriant, sans parents ; il aime aller dans la famille de son ami.

Exercice 35 : **1**-F ; **2**-A ; **3**-C ; **4**-E ; **5**-H ; **6**-D ; **7**-B ; **8**-G

Exercice 36 :
1. fouiner
2. le gars, le gaillard
3. faire la peau à, buter
4. la planque
5. le pognon.

Exercice 37 :
1-D (*zum Bersten voll*)
2-E (*Sommersprosse*)
3-F (*betroffen sein*)
4-B (*abgeschlossen*)
5-A (*ein flaues Gefühl im Magen haben*)
6-C (*anschnauzen*).

Exercice 38 :
1. se rendent
2. en pleine effervescence
3. mène
4. continue à
5. interroge
6. avait fait
7. a été volé
8. déposé.

Exercice 39 : **solutions possibles :**
1. Paul Brunet découvre dans le carnet de bord de François que les familles de Moruroa ont toutes été brutalement chassées de chez elles.
2. L'inspecteur lit également que l'armée française faisait dans cet atoll des essais nucléaires dans le plus grand secret.
3. François voulait trouver des preuves et dénoncer ces faits.
4. L'inspecteur est prêt à aller voir un ancien camarade

de classe (journaliste au *Nouvel Observateur*) pour faire éclater le scandale.

5. Mais dans le bureau de son chef, des hommes en imperméable noir l'attendent.
6. Ces hommes des services secrets sont venus récupérer le journal de bord de François.
7. Ils ordonnent à Paul Brunet de se taire et d'oublier toute cette histoire.
8. Sinon, son fils pourrait mourir d'une overdose.

Exercice 40:

1. dans le plus grand secret
2. expulser
3. faire éclater le scandale
4. ne pas pouvoir s'empêcher de
5. accidentel.

Présentation des auteurs

Jean-Yves de Groote
(Autor von « Cyrano assassiné »)
Auf der Bühne und mit der Feder versucht Jean-Yves, Schauspieler und Autor, die Hintergründe des Lebens zu entdecken. Er hütet sich vor dem schönen Schein, den Fassaden, den konventionellen Vorstellungen. Vor »lauwarmen Suppen«. Beim Erzählen und Schreiben von Geschichten ist es sein Ziel, Universen zu schaffen und durch Nachdenken und Hinterfragen zum Träumen zu verleiten. Zu provozieren, aber mit Humor. Denn Humor – lachen und zum Lachen anregen – ist für ihn Weg und Ziel zugleich.

Camille Larbey
(Autor von « Les Montagnes rouges » und « Mai noir »)
Zunächst studiert Camille Larbey Geschichte in Bordeaux. Als Kinonarr wird er zum Spezialisten für die *Neue Deutsche Welle* und kommt so nach Berlin. Dort landet er zufällig bei der französischsprachigen *Gazette de Berlin*, wo er einige Zeit arbeitet. Danach fällt die Entscheidung: In Zukunft wird er Artikel schreiben. Heute wohnt Camille Larbey in Paris und ist Kulturjournalist. Dabei schreibt er genauso gerne für Kunst- wie für Underground-Zeitschriften.

Élisabeth Fétizon
(Autorin von « Le cap Nègre en émoi »)
Alles, was mit Sprache zu tun hat, lag Élisabeth Fetizon schon immer am Herzen: das Rezitieren von Gedichten in der Schule, das Erlernen von Fremdsprachen, die Lektüre, das Studium von Literatur und Linguistik, das Unterrichten von Französisch als Fremdsprache, das Theater (ob auf der Bühne oder im Publikum) und schließlich das Schreiben zeugen von dieser Liebe. In Deutschland, wo sie seit mehr als 30 Jahren lebt, hat sie mit dem Schreiben begonnen: für das Radio (WDR, Deutschlandradio), das Fernsehen (ARTE, Karambolage) und die Printmedien (Écoute). Ein Zitat von Helmut Schmidt liegt ihr besonders am Herzen: »Das Leben ist schön, schreiben wir darüber!«.

Sarah Lachhab
(Autorin von « Huis-clos à marée basse »)
Ihre Leidenschaft: die Kommunikation. Sarah Lachhab ist eine junge, unabhängige Journalistin, die für mehrere regionale Blätter schreibt. Sie trifft gerne Menschen und interessiert sich für Themen aller Art, die ihr erlauben, mit anderen ihren Alltag zu teilen. Sarah ist begierig auf Herausforderungen und Abenteuer und liebt ihren Job. Unlängst ist sie zu einer mehr als einjährigen Weltreise aufgebrochen. Das ist für sie die Gelegenheit, neue Horizonte zu entdecken und noch mehr Menschen kennenzulernen.